向"真"
教育更进一步

陈进文 著

东北师范大学出版社

长　春

图书在版编目（CIP）数据

向"真"教育更进一步/陈进文著. —长春：东北师范大学出版社，2020.11

ISBN 978-7-5681-7494-7

Ⅰ.①向… Ⅱ.①陈… Ⅲ.①中学教育—教育研究 Ⅳ.①G632.0

中国版本图书馆CIP数据核字（2020）第236809号

□责任编辑：李敬东　　　　　□封面设计：言之凿
□责任校对：刘彦妮　张小娅　□责任印制：许　冰

东北师范大学出版社出版发行

长春净月经济开发区金宝街118号（邮政编码：130117）

电话：0431-84568115

网址：http://www.nenup.com

北京言之凿文化发展有限公司设计部制版

北京政采印刷服务有限公司印装

北京市中关村科技园区通州园金桥科技产业基地环科中路17号（邮编：101102）

2022年6月第1版　　2022年6月第1次印刷

幅面尺寸：170mm×240mm　印张：9.75　字数：151千

定价：45.00元

目　录
CONTENTS

第一章　"真"教育应当面向不同类型的学生

第一节　教师也爱偏科学生 ················· 003

第二节　教师也会"爱"迟到的学生 ·············· 010

第三节　教师对贫困生的关爱 ················· 020

第四节　教师对作弊学生的智慧教育 ·············· 030

第五节　早恋的学生更需要教师的爱 ·············· 041

第六节　教师怎样打开自负学生的心灵 ············· 051

第七节　教师如何教育有暴力倾向的学生 ············ 061

第二章　落实"真"教育的智慧策略

第一节　教师批评学生要讲究策略 ··············· 071

第二节　教师与学生沟通要保持人格平等 ············ 076

第三节　与学生交谈要讲究语言技巧 ·············· 081

第四节　教师应学会与学生做朋友 ··············· 085

第五节　给学生一块"垫脚石" ················ 090

第六节　尊重学生才是真正地爱学生 ·············· 096

第三章　"真"教育以爱之名义：读懂学生

第一节　问题一——学习习惯不佳 ··············· 103

第二节　问题二 ——注意力去哪儿了 ……………………………………… 108

第三节　问题三 ——基础不牢怎么办 ……………………………………… 112

第四节　问题四 ——贪玩的学生 …………………………………………… 115

第五节　问题五 ——学习偏科的学生 ……………………………………… 118

第六节　问题六 ——马虎不是小问题 ……………………………………… 122

第七节　问题七 ——爱走神的学生 ………………………………………… 127

第八节　问题八 ——苦恼的多动学生 ……………………………………… 131

第九节　问题九 ——不自信的学生 ………………………………………… 136

第十节　问题十 ——"双差生"的教育 …………………………………… 139

第十一节　问题十一 ——调皮的学生 ……………………………………… 145

第十二节　问题十二 ——拔走嫉妒心 ……………………………………… 148

第一章

"真"教育应当面向不同类型的学生

第一节　教师也爱偏科学生

学生偏科是个老生常谈的问题，通常指某些学生以牺牲别的学科为代价，来发展自己特别感兴趣的学科，进而出现发展不均衡的畸形学习状态。有这种情况的学生往往不敢面对弱科学习上的困难和压力，害怕挫折和失败。他们不自信，往往认为自己没有能力均衡发展；他们往往学习态度消极，不求进取；他们往往习惯对所爱学科忘我投入，而对不喜欢的学科则漠然置之，不理不睬或干脆抛至脑后。

偏科学生的发展不均衡，给他们自己带来了发展上的障碍短板。他们往往不敢接受弱科对自己的挑战，出于本能只对熟悉的学科感兴趣。一见到那些弱门科目，他们往往会感到紧张与害怕，开始逃避，甚至还会对这些弱科产生恐惧和排斥心理，发展也越来越不均衡。

我们应该对偏科学生予以正确的、适时的引导，给予他们积极的鼓励，培养他们树立坚强的意志，调整好他们害怕与逃避的心态，引导他们正确对待偏科现象，尽早促使他们全面发展。

对于偏科的学生来说，教师给予鼓励、支持与肯定，作用是不言而喻的。

在转变偏科学生的过程中，需要教师做的，也是最好的激励方法，就是让这些偏科的学生循序渐进地发展。在教师耐心的辅导与等待中，让学生在"易"上体会成功的快乐后，他们对弱科的学习兴趣、所用的工夫和自信都会大幅度提高。这样，他们发展的失衡状态也会随之改变。

一、以强带弱，让学生的学业全面发展

🔖 **案例**

经过初一上半学期的学习，邓老师发现班里的小强严重偏科，功课除了数学80多分外，其他科目都是50分上下。要是批评他，他的数学在全班都60多分的情况下，考了80多分；要是表扬他，可他其他科目又太差了，怎么办呢？

于是，邓老师首先推荐小强当数学科代表，给他提供机会，让他运用他的数学优势在同学面前表现自己。

一次月考，由于试题偏难，整个年级的数学成绩都不是很理想，唯独小强考了个不错的分数。虽然小强总成绩很低，但是邓老师没有忽略小强的优势，当场表扬了他："这次月考小强同学的数学取得了非常好的成绩，给我们班带来了荣誉。今天，我们请小强同学给我们介绍一下学习数学的经验，帮助我们提高数学成绩，好吗？"

接着，邓老师和全班同学热烈地鼓起掌来。掌声激励着小强，他在羡慕和期待的目光中勇敢地走上讲台，向大家介绍学习数学的经验："我特别喜欢数学，专门买了一大堆数学参考书，经常钻研到深夜。课堂上，我也认真听课。掌握了学习方法后，数学对我来说就变得容易多了。"

又一次月考后，邓老师看到小强的数学成绩进步很快，感到非常高兴。放学后，邓老师抚摸着小强的头说："最近，你的成绩提高得很快，数学学得非常好。老师相信你别的科目也应该没问题。"

小强不好意思地说："对于其他科目，我在小学的时候基础没打好，现在越学越吃力，即使我努力学也学不会。"

邓老师听到小强无奈的说辞，耐心地说："如果长期这样下去，不仅你的综合成绩会受到严重影响，甚至还会阻碍你的升学。'世上无难事，只怕有心人'，基础差没有关系，只要我们用心学，就一定能取得好的成绩。"

小强担心地问邓老师："那我怎样学才能提高其他科的成绩呢？"

邓老师决定帮助小强改变偏科的情况："为什么你的数学会学得那么好呢？"

小强马上高兴地回答："因为小学时学数学，老师一讲我就听懂了，做题就很容易，而且又不需要背。再加上我又投入了大量时间在数学这一科上，久而久之，数学对我来说就不难了。"

邓老师说："那你为何不试一试把学强势科目——数学的方法运用到其他弱科上呢？"

小强想了想，说："管用吗？"

邓老师笑了笑，说："其实你是一个很聪明的孩子，也知道用心学习，只是在数学这科上花了太多的时间，而忽略了其他科目。如果你能把学习的时间均匀地分配在每一科上，把学数学的方法运用在其他科上，我想一定会卓有成效的。"

接着，邓老师给小强讲了一些学习方法："首先，在课堂上，无论哪一科，都要认真、用心地听课。如果遇到不会的问题就记下来，在课后问老师。多利用课余、闲暇时间学习，就像学数学一样，之后再买些与各科相关的参考资料。数学需要大量做题，而英语、语文、历史、地理、政治等需要我们花费大量时间去背，再通过做题来巩固已学的知识。只有这样，我们才能牢牢掌握所学的知识，才能逐渐提高其他科的成绩。试着用你的强科带动弱科学习，看看是否有效，好吗？"

小强充满信心地看着邓老师，说："好的，老师，我会按照您说的方法去做，我会努力的。"此后，小强开始在其他科目上下功夫。

经过一段时间，小强深深地感悟到，无论哪一科，学习方法都是差不多的。初一下半学期，小强就像学数学一样，上课认真听其他科目老师讲的课。如果遇到不会的问题，他就把问题记下来，找时间再问老师。虽然基础不好，但小强的认真和虚心打动了老师，各科老师在讲解的过程中都给小强逐一进行解释、分析，耐心地辅导他。

学校的习题册被小强做完以后，他还买回很多与各科相关的复习试卷来做。

功夫不负有心人，初二上学期的第一次月考，小强的总成绩有了明显提高，各科成绩均在80分以上，尤其数学更为突出。不再偏科的小强也乐在其中。

📖 **真教育思考**

邓老师利用以强带弱的方法，先让小强当课代表，安排他带领全班同学搞好数学学习，同时鼓励他敢于面对学习弱科的困难，敢于挑战自我，激发他对弱科学习的潜能，提高他学习的积极性。

邓老师的这一教育策略不仅增强了小强的自信心，也使小强不再偏科。

其实，要想克服偏科并不难。这里教师以偏科学生的优势学科为兴奋点，激励他把自己的优势发挥到弱势学科中去，以此来激发他攻克薄弱学科的意识和潜能。

二、从激发兴趣入手，让学生均衡发展

📚 **案例**

自从当了班主任以后，细心的吴老师就发现小轶同学连续3次考试总分一直位于班级前列，其中各科成绩都很好，唯独语文成绩不理想，位于班级中等偏下。小轶的学习目标是考上区以上重点学校，语文成绩过低显然不利于他将来的考试。

通过观察，吴老师发现小轶上课很专心，作业、笔记都做得很认真、到位。到底是什么原因使小轶的语文成绩迟迟不能提高呢？

在了解了小轶因自己学不好语文，担心考试考不好，进而对语文失去兴趣才偏科的症结后，吴老师采取了增强小轶语文学习兴趣的方法来转化他。

在每周二、五下午自习课时，吴老师都会利用一些时间给他讲些故事，如童话故事、寓言故事等，还引导他分析故事中的人物、情节。每次吴老师讲故事时小轶都会非常入迷，有时候甚至还会说"吴老师再讲一个"。于是，吴老师抓住这个契机，对他说："从下周的故事课开始，把老师讲故事改为由你自己讲故事给大家听。故事内容可扩大，如增添些幽默、笑话等，好不好？"

此时，小轶也感觉到听故事已经不能满足自己了，看到老师讲的故事既简单又动听，他也很想尝试一下。

为了在课上能够把故事讲得更生动、有趣，让同学们爱听，小轶开始阅读大量课外读物，积累知识，以逐渐提高自己讲故事的水平。

开始时，小轶是为了讲出更好听的故事而去阅读。可是，他慢慢感觉到阅读是一件很有意思的事情，如果哪天没有读书，心里就空荡荡的。阅读使小轶得到了心灵的浸润，开阔了视野，也使他的阅读理解水平在不知不觉中有了很大提高。

一次语文课上，在学生回答问题环节，看到从未举过手的小轶积极地把手举得很高很高，语文教师感到很吃惊。但是，他没有担心小轶答不上来而忽视他这次踊跃的举手，而是微笑着说："小轶，你来回答这个问题。"没想到的是，小轶把问题分析得非常透彻，而且很有条理性。课后，吴老师把语文教师对小轶的一番赞许转达给了他。

为了进一步帮助小轶树立自信心，吴老师又告诉小轶一些学习方法："为了增强你对语文的学习兴趣，你可以每周写一篇短文，做几篇阅读理解。只要你加强练习，主动学习，语文成绩很快便会提高的。我和语文老师都期待你取得更大进步。"

听到赞许的小轶尝到了学习语文的快乐，找到了学习语文的自信心，学习语文的兴趣也越来越浓厚。语文课上，小轶也经常举手提问，勇于质疑，不管回答的是对还是错，语文教师都会不断地鼓励他。课后，小轶也不再将全部时间放在其他科目上，而是经常到图书馆去借一些与阅读、写作相关的书籍，平时还经常买些有关语文学习方法和知识体系的参考书来读，并主动整理优美的词语、精彩的语段，甚至开始愿意多做些有关语文学科的练习试卷。

渐渐地，小轶的写作水平有了明显的提高，语文成绩也迅速提升。在该学期第二次月考时他考了117分，超过班级平均分6分，总成绩位于班级第一名。

📖 真教育思考

小轶偏科的主要原因是对语文不感兴趣，认为自己学也学不好，考试也考不好，因此对该学科产生了抵触情绪，进而采取了回避、放弃的态度，并将全部精力用于另外一些学科。

针对这一问题，吴老师让小轶真正认识到要考重点中学绝对不能偏任何一门学科，要有危机感，主观上也要努力。为了帮助偏科的小轶找到感觉，吴老师开始慢慢培养小轶对语文的学习兴趣。

吴老师对症下药，先是激发小轶听故事的兴趣，然后让他自己讲故事。这样，吴老师不失时机地点燃了小轶的兴趣之火，使他变被动、消极的"要我学"为充满激情的"我要学"，从而激发了他阅读的主动性，促使他为讲好故事主动阅读大量书籍，并逐渐尝到了阅读的乐趣。

吴老师及时给予小轶正确的引导，使小轶在语文这科多投入一些时间，潜移默化地培养了他对语文学习的兴趣，使他获得了学习语文的自信心。这一方法收到了事半功倍的效果，小轶不仅得到了语文老师的赞许，还取得了优异的语文成绩。

偏科现象不是不可以转化的。如果学生有一门功课太差了，我们就应该尝试从激发偏科学生兴趣入手，尽快找到弥补差异的措施，使学生不再偏科，让他们均衡发展。

三、激励偏科学生的方法

出现偏科现象确实对学生的学习极为不利，我们必须帮助他们克服和消除。然而，对于有偏科迹象的学生，教师不应过于着急。只要我们能正确认识这一现象，采取有效的措施，是完全可以避免或者解决这个问题的。

1. 调整心态，树立信心

很多偏科的学生，认为自己学这一学科的天赋较差，或对这一学科不感兴趣，或认为自己这一学科基础薄弱，从而失去了学习的自信心。这样的心态不但让学生产生了"心理偏科"，也加剧了他们对未知事物学习的恐惧感，于是便采取躲避、不敢面对并放弃的行为来对待这一科目。

教师发现学生偏科，首先不能急躁，不要盲目地批评学生，因为那样会让他们的内心留下阴影，造成"心理偏科"。其次要在摸清情况的前提下，尽力转变偏科学生的不良心态，激励他们产生自信。

比如，让偏科学生掌握积极的心理暗示方法，让他们在面对学习成绩差的科目的时候，不要自卑，要暗示自己：加油，我一定能行！如果学生哪门学科很差，也不要让他们和其他同学比，只要自己比以前有进步就可以了。

2. 时间上从短到长，磨出他们的耐心与毅力

对于不擅长的学科，学生也会因不感兴趣而减少在这科上的学习时间。如果我们一开始就让学生在差的科目上投入大量时间，必然会增加他们对学习的烦躁感和厌倦感。因此，我们不要操之过急。转化偏科学生的最好方法就是按照学习目标制定出一份时间表。

比如，我们可以让偏科学生今天只复习某一课的某一小节，时间不超过半小时。只要他们在这半小时里踏踏实实地把这一小节学完了，就可以改学别的科目。这样，时间一长，他们对差科的学习兴趣就会逐渐培养起来。

我们还可以让学生将差的科目夹在强的科目中学，时间同样不要太长，以免他们产生枯燥无味感。

3. 找出差中之差

很多偏科学生由于觉得差的科目不好学、难学，最后索性放弃。但他们并不是对所有问题都一无所知，只是因为某些深奥问题难懂，就放弃了对整个科目的学习和探究。所以，教师不要以为这名学生真的是很笨，已无药可救。

我们不能忽略学生积极向上的心理，真正拖累他们的只是这个科目中的一两个知识点。我们要帮助他们克服畏难情绪，要在学生偏差的科目中找出重点来，然后对他们进行一次或多次的强化训练。这对于偏科的学生会有很大的帮助，不仅能提高他们学习的兴趣，而且能激发他们的自信心。

偏科，有短板，并不可怕。面对偏科，教师要有足够的爱心和耐心，不抱怨，不懈怠，真正承担起自己的职责，以学生学业"第一责任人"的身份积极主动地开展工作。在全面分析与冷静思考后，教师要放下"架子"，与任课教师交换看法，与学生交流意见，探讨解决问题的最佳方法。只要教师有宽广的胸怀、开阔的眼界，有积极进取的精神，有献身教育事业的激情和勇气，学生的每一个"短板"都一定会得到改善。

第二节 教师也会"爱"迟到的学生

好的开始是成功的一半。如果一节课总有学生稀稀拉拉地迟到，那么这节课就失败了一半。然而，毫不夸张地说，在教学工作中，学生迟到是发生频率最高的问题行为。一方面，这是困扰很多教师，尤其是年轻教师的一大难题；另一方面，那些经常迟到的学生有相当一部分没能认识到迟到的危害，这使他们经常迟到的问题得不到根本解决。

迟到不仅限于早上和中午这两个学生回家休息、吃饭的时间，还包括课间，甚至学生在课间迟到的现象更为严重。与其他问题行为存在明显不同的是，经常迟到的学生，并不一定都是"差生"，一些尖子生也经常迟到。

学习好的学生自恃学习好，根本不把迟到当回事。如果教师唠叨两句，他们就把嘴一撇，强辩几句，为自己迟到找借口；态度好点的，也多是"左耳朵进，右耳朵出""该迟到时还迟到"。

为了让自己的迟到"义正词严"，经常迟到的学生还会有一些惯用理由，只要迟到就拿出来用。比如，上厕所、去医务室、老师找、堵车、妈妈提醒了、路上做好事了等。固然，学生的理由有可能是真实存在的，但也有很多是搪塞教师的。这就需要我们擦亮眼睛，辨清真伪。

不管学生因为什么迟到，对于学生而言，迟到都不是一件可以忽略不计的小事，都不能不引起学生和教师的重视。

首先，如果有学生迟到，讲课的教师就不得不中断课堂，等待学生坐到座位上，而其他同学会因此而分散注意力，被迫中断听课思路，甚至还会走神。这将严重影响课堂教学。

其次，知识都是连贯性的，如果学生迟到期间，教师正好讲了一个很重要的知识点，那么，学生就有可能因为没学到这个知识点而听不懂后面的知识。

最后，如果学生在体育课上迟到，他的热身运动就会做得不够充分，这就有可能造成运动损伤。

和任何事物一样，只要抓住规律，措施得当，学生迟到的现象也是可以避免的。教师应该做的就是深入研究学生迟到的原因与心理，从而寻找适合的教育方法，激励他们自我反省，不再迟到。

一、迟到的学生也需要爱

案例

曾经在很长的一段时间内，小佳被教师们戏称为"迟到大王"。说起她迟到的故事来，那真是有些"罄竹难书"。从上一年级以来，她就很少有不迟到的时候，有段时间甚至天天迟到。偶尔有一次不迟到也是踩着第二遍铃声飞一般地冲进教室的。凡是教过她的教师没有不为她头疼的。班主任虽多次找她谈话，但毫无效果。

不过，小佳虽然常迟到，但对学习很认真，是一名很有上进心的学生。

刚接小佳所在的班时，前任班主任就对接任的齐老师说："班里的小佳可是个令人头疼的'迟到大王'啊！有她在，'优秀班集体'就肯定没戏。所以，你得注意点儿她！"

齐老师心里一惊，有这么严重吗？尽管不相信，但齐老师还是留了个心眼儿。

细心观察了小佳两周，齐老师发现她内向、拘谨，不爱说话，几乎每周都会迟到，而且至少三次。对于这样一个女孩，凭多年的教学经验，齐老师感觉到仅仅靠单纯的批评和惩罚，根本解决不了她的迟到问题。所以，一定得找出她迟到的真正原因才行。

于是，齐老师打听到小佳的家庭住址后，就赶紧去她家了解了情况。结果，调查到的事实让齐老师这样一个大男人都差点儿掉泪。

原来，自小佳上初中以来，她的父母就一直在闹离婚。小佳妈妈一怒之下去了深圳打工，再也没回来过；小佳爸爸则每天以喝酒、赌博为业，每次喝醉了或者输了钱，就拿小佳出气。此外，小佳每天除了上课，还得回家自己洗衣服、做饭，照顾喝醉的爸爸。

回学校的路上，齐老师百感交集：这是个多么懂事而又无助的孩子啊！解决她迟到问题的根本方法绝对不应该是批评与惩罚，而应是给予她最缺少的亲情与关爱。

找到了小佳迟到的原因，齐老师立即行动，设法联系到了小佳的妈妈，请她每月按时给小佳寄生活费，保证小佳的基本生活需要；又劝说小佳的奶奶及时给她做好午饭，早晚则安排她在教师食堂吃饭，晚上就住在学生宿舍；每逢节假日，齐老师还邀请小佳去他家做客，给小佳改善生活，带小佳出去玩。

不久之后，小佳过生日时，齐老师亲自买了生日蛋糕，组织同学们为她过生日。

渐渐地，小佳变得活泼开朗起来，再也不迟到了，反而每天都积极地早到学校学习。她的学习成绩也越来越好。

📖 真教育思考

小佳迟到的原因让我们了解到，有些学生犯错误时，迫切需要得到的绝不是粗暴的批评和惩罚，而是教师的理解和帮助。学生看起来最不可爱的时候，很可能就是他们最需要关爱的时候。

如果齐老师只是和小佳以前的班主任一样，那么小佳迟到的问题可能一直也解决不了。幸运的是，齐老师没有批评她，也没有一味地等待她改掉迟到的不良习惯，而是赶紧做了一次家访，了解了小佳经常迟到的真正原因。只有找到出现问题的原因，才能找到解决问题的办法。对于小佳的情况，齐老师知道，绝不应该用批评与惩罚的方法来教育她，而应该给予她最缺少的亲情与关爱。为此，齐老师动员小佳的家人帮助她，自己也帮她解决食宿问题。每逢节假日，齐老师还邀请小佳去他家做客，带小佳出去玩，甚至小佳过生日的时候，还亲自为她订生日蛋糕，组织同学们一起为她庆祝。

齐老师那胜过亲情的关爱感化了小佳，让她彻底改变了迟到的不良习惯，人也变得活泼开朗了，每天都早早赶到学校学习。如此一来，她的学习成绩自然也越来越好。

对于那些经常迟到的学生，我们不要批评、讨厌和放弃他们；否则，我们的教育还没有开始，实质上就已经结束了。我们应该用发自内心的爱去激励他们反省，激励他们树立信心，进而改掉迟到的毛病。

二、以彼之道，还施彼身

案例

在郑老师班里，有一个清秀俊朗的男孩，叫小轲。小轲非常聪明，一点就透，很受教师们的喜爱。可是，这么好的学生，却有一个最大也最让人头疼的毛病——经常迟到，尤其是早自习，几乎天天迟到。

严厉批评、好言相劝，方法都用尽了，小轲还是迟到。为此，头疼的郑老师还试过让同学去喊他起床。

他家就在学校附近的一个小区里，郑老师让两名女生跑步到小轲家楼下，大声喊："小轲，你还在睡懒觉吗？老师让我们来喊你起床上学啦！"

不管他答不答应，两名女生都连喊三遍，只希望唤起他的羞耻之心，进而激励他改掉迟到的坏毛病。

果然，被喊过两三次后，尽管小轲每次都气喘吁吁地跑进教室，但至少不迟到了。

就在郑老师庆幸自己终于改掉了小轲的毛病时，小轲却旧病复发了，连续迟到了三次。

郑老师只好找他谈心，可是这次他不仅不再听话，反而振振有词地嘟囔道："老师，我是学生，只要把学习搞好就可以了。迟到对我的学习没什么影响，对别人也没造成伤害。您说，我多睡会儿，招谁惹谁了？"

看来，问题的症结是，小轲还没有认识到迟到的危害！

一天，郑老师挑选班会活动的主持人。小轲在班里是数一数二的"多面手"，自然把手举得老高，甚至担心郑老师注意不到他，还站了起来。

郑老师灵光一闪，有了一个解决小轲迟到的办法。于是，她当即拍板，确定小轲为这次班会的主持人。

郑老师要求小轲不仅要给自己选一位好搭档，还要根据主题策划班会的内容和活动环节。同时，她还郑重其事地嘱咐小轲："一定要组织好、主持好，不能让大家失望。"

课余时间，小轲就开始乐此不疲地忙开了班会的事情，而郑老师一方面以督促工作、检查班会组织的进展情况为由，看小轲写好的计划书，另一方面又找了几名口风紧的学生，客串临时演员，在相应的环节和时间迟到进场，并大声喊"报告"，以干扰小轲。

班会时间终于到了，郑老师和小轲的准备工作都已经做好了。

只见小轲胸有成竹地站在讲台上清脆地说了一句："大家好……""好"字尾音还没落，就听到了一声洪亮的"报告"声在门外响起。

小轲很无奈地闭上了嘴，耐心地等迟到的同学进来坐下，再开始讲话。可是，等喊"报告"的同学落座之后，小轲却忘词了！这一下窘得小轲面红耳赤，好在他的搭档伸出了援手，做了紧急提示，才让他顺利地把班会主持下去。

接下来，凡是小轲要用串场词过渡的紧要关头，门外都会很巧合地响起一声"报告"。个别人进了教室后，还煞有介事地解释一通，把郑老师预先的设计表演得更加完美。学生们也因为他们的认真道歉而哈哈大笑。

就这样，班会被一次次的"报告"声打断，而小轲也随着"报告"声而一次次地忘词。渐渐地，他头上的汗都冒出来了。

一场本来被小轲设计得相当精彩的班会，在不断的"报告"声中结束了。我们可以想象得出，为这次班会付出了不少心血的小轲，该有多难受！

班会结束后，在很长一段时间内，小轲都不敢正面与郑老师接触，甚至还有意无意地躲避郑老师的目光。但是，他再也没有迟到。

📖 真教育思考

清秀俊朗、聪明多才的小轲，本来可以获得所有人的青睐，却因为经常迟到这种他认为不值得一提的小事，让那些喜欢他的教师不得不为之哀叹。

然而，转变小轲迟到习惯的过程却是一波三折。严厉批评、好言相劝、让女同学去他家楼下叫他起床等，都没能彻底阻止小轲继续迟到。因为他认为自己迟到，一没影响自身学习，二没影响其他同学，所以不是什么大不了的事。

可是，事实果真如此吗？当然不是。

"以彼之道，还施彼身"，其实就是借力打力，这个道理不只是在小说武林争霸中有用，在教育实践中，也可以为教师所用。

学生经常迟到，很重要的一个原因就是他们不清楚迟到的危害，不知道因迟到而被迫中止课堂讲解的教师有多烦闷，不知道迟到会影响其他学生听课。换言之，如果学生能够体会到这些，就能自觉地收敛迟到的行为了。

近乎无计可施的郑老师想了又想，觉得要彻底改变小轲迟到的习惯只有让他亲自体验一把教师面对迟到学生的苦恼，让他真正认识到迟到的危害，从而反省自己的迟到行为，改掉迟到的毛病。

为此，郑老师导演了一出学生频繁"迟到"的戏。这让小轲精心设计的班会在断断续续的迟到"报告"声中结束。

被学生迟到的"报告"声干扰的小轲，在不胜其烦中，终于体会到了迟到的危害。而这种心理体验迫使他不得不去自省，激励自己——再也不能迟到。

三、"反弹琵琶"

案例

敏妍是班里的文艺委员。她聪明活泼，学习成绩优秀，唯一不足的就是有些懒散，经常迟到。尤其是天气转冷后，一周内她竟然要迟到三次以上。

这不，上个月的最后一周，她就在周二、周三、周四连续迟到。为此，卢老师不得不找她谈话，希望她改掉这个毛病，而敏妍也很爽快地答应了。

敏妍嘴上答应得倒是很爽快，可实际上并没有做到。这个月第一周的周二，她又迟到了。无奈之下，卢老师只好去她家做了一次家访。

在家访中，卢老师了解到敏妍的爷爷奶奶很宠她，她父母在这个问题上也没办法，只有把希望寄托在卢老师这个班主任身上。

了解到这些情况后，卢老师又找敏妍谈话，指出不迟到、不早退是小学生都知道必须遵守的行为规范，而敏妍已是一名中学生，又是名学生干部，更应该以身作则。

在卢老师的教导下，敏妍又坚定地保证，以后不再迟到了。

单独教育后，卢老师又趁热打铁，利用第二周周二下午的班会进行集体教育，想再给敏妍敲一次警钟，同时希望警醒那些偶尔迟到的学生。

在班会上，敏妍头微低，听得很认真。卢老师心想，这下肯定有效果了。

果然，班会之后连续三天，她都没有迟到。

然而，好景不长，第三周的周二早晨，她又迟到了。

那天，卢老师走进教室发现敏妍的座位上空着，一直到上课铃响，她都没有出现在教室门口。

卢老师真的有些失望了。正当卢老师打开教案，准备开始讲课时，一声"报告"后，敏妍出现在了教室门口。

卢老师抬腕一看表，发现敏妍迟到了整整5分钟。

此时，卢老师真的不知道该怎样说她才好。现在已经上课了，又不便训斥她，影响其他同学的听课情绪，于是卢老师急中生智，说了一句："你早。"

敏妍当时就愣住了，随即收回了刚跨进教室的右脚，一脸尴尬地站在那里。原来敏妍以为卢老师会像以前一样说"请进"呢。

听到卢老师的话，看到敏妍尴尬的样子，学生们都"哄"地笑了起来。敏妍的脸更红了。

随即，卢老师大声地说："请进！请明天来得更早一些。"

话音刚落，敏妍就低着头，迅速地跑到了座位上，拿出课本一本正经地端坐好。

听了卢老师的话，再看到敏妍窘迫地跑到座位上的样子，同学们又会意地笑了起来。

卢老师一看，急忙示意大家安静："安静！我们继续上课。"事后，卢老师再没找敏妍谈过迟到的事情，但是这次教育收到了意想不到的效果——敏妍从此再也没有迟到。

📖 真教育思考

在教育实践中，"反话"在一定条件下确实能起到作用，在某种程度上还能收到比正面教育更好的效果。

在案例中，卢老师的"反话"教育能见成效，关键在于她知道，每名学生从内心深处都是要求上进的，更何况身为学生干部、成绩又优秀的敏妍呢？

从敏妍内心深处来讲，她当然是不想迟到的，然而多年的坏习惯，很难一下子改掉。这就使敏妍自己也很烦恼，很痛苦。因此，作为教师，我们不能一时冲动，只是简单地批评学生，而应该设身处地地为学生着想。

试想，如果当时卢老师狠狠地数落敏妍一顿，她能心悦诚服地接受并彻底改掉迟到的坏习惯吗？当时，敏妍自己心里还一肚子"苦水"呢！怎么能听得进老师的教诲？

不仅如此，假如卢老师那样做，还会让敏妍很难堪，同时在一定程度上破坏了课堂气氛，当然也会影响卢老师自己讲课的情绪。

适当得体地运用"反话"教育学生，不仅能够深深触及学生的灵魂，使教育更深刻，又不至于让学生反感。此外，"反话"还能活跃课堂气氛，且不影响教师的上课情绪。这样一举多得的教育方法，我们何乐而不为呢？

四、赏识教育打动学生

学生迟到是一种易发、常见的违纪现象。对于那些偶尔迟到的学生，或许教师的几句批评教育就能解决问题。但是对于那些经常迟到且屡教不改的学生，我们就不能掉以轻心了，而应该想点绝招来"对付"他们。

除了上面案例中的方法外，下面几种方法在很多时候也可以帮助我们纠正"迟到大王"们，让他们自觉控制自己的行为，不再迟到。

1. 抓正面典型，给学生树立榜样

我们可以经常有意识地对那些不迟到或者离家远，但不经常迟到的学生进行表扬，发挥他们的榜样激励作用。这一方面可以促进那些经常迟到的同学自省，决心不再迟到；另一方面也可以帮助那些不迟到或者迟到较少的学生，以后继续保持，坚决不迟到。

2. 对"迟到大王"给予适当"优惠"

经常迟到的学生总会有各种各样的理由，如：父母工作忙，经常不在家；学校离家远，路上红绿灯多等。

对于经常迟到的学生，我们不要一味地强制他保证永远不再迟到，可以允许他适当地迟到，并要求他迟到的次数逐渐变少。即便当班级迟到的人数越来越少，甚至只剩下他一个时，我们也不要过于着急，而是给他看每次的迟到记录并鼓励他："你每次迟到的时间越来越短了，说明你在努力，老师

为你加油。"这样，学生就会慢慢地不再迟到。

这种宽容教育，对于经常迟到的学生，无疑是一种"优惠"，也是一种尊重。当受教育者感受到教育者在人格上给予他们充分尊重时，教育奇迹也就随之产生了。

3. 及时激励，营造良好的班级氛围

当班级迟到人数连续几天为零时，教师可以及时把握住这个时机，大做文章，鼓励学生一番。

首先，可以及时表扬那些以前经常迟到的学生，肯定他们的进步。这些学生的进步，可以对全班同学产生很大的激励作用。

其次，让学生自己体会良好班风的重要性，鼓励他们继续保持迟到人数为零的情况，而且将这种良好作风也延伸到卫生、学习等其他方面，从而营造一种良好的班级氛围，让每名同学都从中受益。

4. 定期小结，给予适度的奖惩

错误很容易出现反复，所以对于学生的迟到问题要及时或者定期进行小结，以引起经常迟到学生的重视；否则，他就会很容易放松对自己的要求，从而使班级管理质量滑坡。

我们可以对学生的进步或者退步进行适度奖惩。但是，奖励不要太滥，次数不要太频繁，否则就失去了意义；而惩罚要力求有效，既能对经常迟到的学生起到一定的制约作用，又不伤害他们的自尊。

5. 让他们自己开门悄悄地回到座位上

教师正在讲课，有学生迟到，不少学校都要求学生喊完"报告"，等教师问明原因并允许后，才能回座位上听课。

山东省威海市某学校的教师在班里尝试：凡是上课迟到的同学，不管什么原因都不用喊"报告"，自己直接开门悄悄地回到座位上，先听课即可。迟到的事情等课下再解决。

这种尝试使迟到的学生往往用带着歉意的目光和教师交流后，就迅速投入课堂学习、思考的氛围中。下课后，他们则会主动找教师说明迟到的原因，并保证自己"下不为例"。

让迟到的学生悄悄走进教室，是对迟到学生的一种谅解、宽容与尊重，也是对其他学生听课时间的珍惜。教师教育迟到的学生，处处以尊重学生的

人格为前提，学生就会自觉起来，并会激励自己回报教师对自己的尊重，从而不再迟到。

　　尽管学生经常迟到这个问题看起来是小事，但是学生管理工作无小事，所以，我们不能对学生迟到这种"小事情"掉以轻心，一定要想办法激励学生改掉这个隐藏着大问题的不良习惯，从而使课堂上不再出现迟到现象，使迟到学生的人格更健全。

第三节　教师对贫困生的关爱

有一句俗话"逆境出人才"，日常生活中我们常常使用。然而，在学校我们却经常看到相反的情况，那些家境较富裕的学生各方面表现相对比较优秀，而一些家境贫寒的学生让我们经常"恨铁不成钢"。究其原因，最主要的在于那些贫困生存在严重的自卑心理。那些自卑的学生为自己戴上了无形的精神枷锁，使自己陷入焦虑和苦闷之中。具有自卑感的学生，不仅对他们的学习有影响，而且不利于他们人格的健康发展。这些学生常常自我封闭，不敢与人交往；对言语敏感，经常与人发生口角；经常感到焦虑，在学习上缺乏恒心和自信，导致成绩提升缓慢……

但是，贫困生也具有许多其他非贫困生没有的优点。我们在教育中要运用科学的教育方法，让他们克服自卑心理，充分发挥他们的优点，促进贫困生的健康成长。

一、营造氛围，体现关爱

案例

小雨是一名男生，数学成绩优秀。

有一次，班主任万老师在检查家庭作业时，发现他的数学作业没有做完，就把他叫到办公室："小雨，你数学作业为什么没有做完？"

小雨对此一言不发。

万老师这时有点生气，就继续问道："把你做不完作业的原因说一说吧！"

小雨只是看了万老师一眼，就把头低下了，还是不说一句话。

万老师真的很生气，心想你无论什么原因，总要说一句话呀！一句话不说，真是很少见。可是，当万老师看到在这个寒冷的深秋，小雨还穿着单衣，不知是因为害怕还是因为冷，身体显得微微发抖的样子时，突然意识到这名学生的家庭肯定是贫困的。不说话可能是他的性格、心理有问题，而形成原因可能就是因为他是贫困生。

万老师打听到小雨家境贫寒，父亲常年在外打工，收入很低；母亲在家操持家务，身体不好。那次他作业没做完，是因为回家要帮妈妈做家务，后来又停电了，妈妈就叫小雨提前睡觉了。小雨没想到第二天老师要收家庭作业。

了解了小雨的情况以后，万老师就想，怎样才能转变他的性格，使他活泼开朗起来呢？

第二天上数学课时万老师在班上宣布，由小雨担任数学课代表，以后数学课代表由班上的学生轮流担任。

然而，小雨第一次收家庭作业时就没有收齐。万老师问："作业为什么没收齐？"

小雨愣了半天，才怯生生地说："组长只给我这些。"

"那你为什么不找没交作业的学生要？"

小雨不吱声了。

万老师耐心地说："那些同学不是不交作业，或是组长叫他们交的时候声音喊小了，没听见；或者是去上厕所了，不知道……但你要向他们要，或是问清原因，然后再向我说明情况，明白吗？"

小雨点了点头。

在万老师的指点下，小雨逐渐地符合了万老师的要求。后来，万老师向班干部了解情况，他们都说小雨说话的次数渐渐多了，说话的声音也渐渐地大了。

万老师看到小雨的变化，开始思考下一步的行动了。

一天，万老师在小雨交作业时叫住了他："你的进步很明显，作业的收、交做得比上一位课代表要好，希望你以后做得更好。还有，你的数学成绩好，要帮助那些需要你帮助的同学，好吗？"

小雨脸红了，笑了笑，说："我会尽量帮助别人的。"

在一个周末，万老师召集了班上家境较好的学生开了一个座谈会，商量怎样帮助小雨解决一些生活上的困难。大家七嘴八舌地说了自己的看法，有的说给他买衣服，有的说干脆给他捐款得了……

最后，万老师总结了两点：首先，让他能够接受，不伤害小雨的自尊心；其次，让小雨也能为大家做贡献，才能让他心理平衡。

过了一个星期，小军在中午找到了小雨，向他请教一道数学题怎样做。小雨感到很诧异，但还是为小军做了解答。

第二天，小军又在课间来问作业。这次小雨想都没想，就很快地为他解决了。

小军向他问问题的次数越来越多了，小雨也不厌其烦地为他一一解答。

之后，问小雨数学题的人越来越多了。

一年后，在校园里再也看不见小雨形单影只了。体育课上可以看到小雨和同学们愉快地玩耍。上课时经常看到小雨积极主动地发言。教师办公室里也能经常看到他和老师讨论问题。

老师和同学们都说小雨简直就像变了一个人。后来，在班干部的竞选中，小雨以高票当选为副班长。

📖 真教育思考

一些贫困生由于经济条件差，不敢与条件好的同学交往，担心别人看不起自己。在与同学交往的过程中，他们缺乏自信，不能在别人面前很好地表达自己的意愿。一旦听到其他同学谈论跟"钱"有关的事情时，他们往往会自觉地联想到自己。久而久之，他们就会脱离集体、远离同学，形成自我封闭的状态。

小雨就是由于家庭贫困产生了自卑心理，不敢与同学、教师交流，慢慢地把自己封闭起来。时间长了，这一情况越来越严重。课堂教学是一个教师与学生、学生与学生之间多向交流的过程。不与人沟通，处于闭塞状态的学生不但学习不上去，而且会下降。

开始，当万老师创造条件让小雨与其他同学交往时，小雨只是被动地执行任务，这是外力的作用让小雨被迫地与人交往。而万老师在适当的时候对他进行的表扬增强了小雨与同学交往的信心。

单向帮扶可能会让贫困生产生心理依赖，或者对他们的自尊心造成伤害。小雨虽然是名贫困生，但是他在学习方面可以帮助别人。在帮助别人后再去接受别人的帮助，这样他在心理上就不会产生抵触。

二、通过心灵沟通，消除对抗

📖案例

小玉入学的时候成绩中等，但是在班上经常与同学发生矛盾。

开学没几天，班主任李老师就经常听到同学告她的状，说她脾气暴躁，行为怪异，难相处。李老师找她谈话，问她为什么经常与同学发生矛盾。她说别人故意和她作对，故意找碴儿，不是她的错。李老师告诉她应该与同学友好相处，小玉当时也爽快地答应了。

可是，没过几天又有同学来告状，说小玉因为很小的事情就对同学大发雷霆。同学们拿她没有办法，只好都不与她说话，不和她玩了。

李老师通过打听了解到小玉家境贫寒，可是她在家很听话，经常帮妈妈做家务、带弟弟。邻居说她是个懂事的孩子，就是不爱和邻居说话。

李老师想：怎样才能让小玉与别人友好相处呢？

一天，学校安排走读生住校，李老师把分配好的寝室号码告诉同学们，让他们自己去找床位，自己把被子和褥子铺好，回头老师去检查。

可是没过一会儿，班上一个叫华娟的女生找到李老师，说小玉把她的被子给扔了。李老师赶紧把小玉和华娟都叫到身边来，问："小玉，你为什么把华娟的被子给扔了？"

小玉回答道："是我先占了那个床位，她还把被子放上去，说她要睡那张床。她是在欺负人！"

华娟说："上学期我就是睡这张床的，已经睡习惯了。我的被子没拿来，就和同寝室的同学说了，叫她们帮我看着，等我去拿被子来铺床。来了以后，我看都没看一眼，就把被子放了上去。她一下子就把我的被子扔在地上，还把被子弄脏了。"

华娟平时是一名文静的女生，学习成绩优秀，和同学们的关系融洽。李老师相信华娟说的话是真实的，就对小玉说："你还是把床位让给华娟吧。"还没等李老师把话说完，小玉就满脸通红，情绪激动地说："老师看不起人。她成绩好，就偏袒她！"说完便哭着跑开了。

李老师一下子愣住了，半天才缓过神来，心想这比以前学生反映的情况还要严重些。于是，李老师赶紧叫班长去看小玉，同时告诉班长等小玉平静下来后，把她领到老师的寝室去。李老师想，在自己的寝室找她谈话比在办公室要好些。

过了一会儿，小玉在班长的带领下，来到了李老师的寝室。李老师起身为小玉倒了一杯水，还搬了一张椅子让小玉坐。这一举动让小玉很惊讶，因为她是准备挨老师批评的。

李老师示意班长出去，然后问小玉："刚才你说我偏袒华娟，请你说出理由来。"

小玉不服气地说："你就是偏心，床位是谁先占到就属于谁，你为什么叫我让给她？不就是因为她的成绩比我好，现在我就让给她，谁叫我笨，学习差呢！"

李老师面带微笑，不紧不慢地说："你看你，我没说一句，你就说这么多。再说我也没有一定要你让，我是说既然她睡习惯了，你愿意让就让，不愿意让就不让。我还没把话说完，你就跑了，怎么能怪老师偏心呢？"

李老师接着语重心长地说："我听说你在家是一个勤劳善良的好孩子，常帮妈妈分担家务、带弟弟，这说明你很懂事。你的成绩不突出也不能全怪你，主要是因为你的学习时间比别人少。这学期你住校就会有更多的时间学习。老师相信你只要努力，成绩会很快提上来的。还有就是你要和同学搞好关系，与同学友好相处。其实，老师不是你想象的那样，对成绩好的学生另眼相看。你看老师平时对学习好的同学该批评的时候也批评，该表扬的时候也表扬，你说是不是？"

小玉想了想，点了点头。

李老师看到了小玉的心理变化，说："床位你就不要让了。我也不想破坏你们自己定的规矩。华娟是一名很好的同学，成绩很好，人又好相处。我安排她睡你的下铺，在教室和你同桌。你有什么学习上的问题可以问她。我相信她会为你解决的，你看怎样？"

小玉没想到李老师安排她和华娟坐在一起。华娟可是女生当中人缘最好的一个。小玉不好意思地说："那我还是把床位让给她吧！"

李老师说："现在就不用了。如果你真心想让，那就以后再说吧，好吗？"

……

后来，李老师在课堂教学时，也经常提问小玉。以前，李老师提问她时，她回答最多的是"不知道"。现在小玉回答问题很少出现"不知道"三个字，即使要回答"不知道"时，也会在前面加上"对不起"。同学们都说小玉跟以前相比变了不少，不和同学争吵了，和同学相处得也融洽了，还和华娟等同学成了好朋友。

在班会课上，李老师特意表扬了小玉："最近一段时间，我们班的小玉同学进步非常明显。以前大家可能不了解她。有同学说她难相处，可我不这样认为。她还主动向我提出与华娟换床位，说明她还是很关心同学的。有同学认为她成绩不够好，可是又有谁知道她在家除了学习以外，还要为父母分忧呢？你们当中又有几个人能够做到？我认为小玉同学有许多大家没有的优点。我相信不用很长时间，她的成绩就会超过许多同学。"

这时，李老师注意到小玉在默默地流泪。

后来，她与李老师谈心时说："以前，在学校，我总认为自己比别人矮一截，家里穷，同学们看不起我，欺负我；成绩不突出，老师不会重视我。如果有什么事，老师肯定会偏袒他们。我想这个世界对我来说到处充满了不公平，所以我要变得更加强硬，不能让别人欺负我。现在看来，我的看法是错误的。在我们这个班级里，老师、同学对我不是我想的那样，而是处处关心、帮助我。"

📖 真教育思考

从小玉身上我们可以看到，一名贫困生因为家庭贫困而形成了自卑的心理，并由自卑引发了许多问题，认为学校、社会到处存在不公平、不公正，在情感上产生了孤独感，不能够融入集体之中。如果这样的学生这样长期下去，必然会遭到集体的排斥，导致他们产生消极对抗行为。这种行为对学校教育来说是危险的，轻则扰乱学校、班级的正常教学秩序，重则引发他们今后对学校、社会的不满，做出危害社会的行为，甚至犯罪。

班主任李老师教育小玉的方法是值得我们学习的。她首先在自己的寝室与小玉谈话，拉近与她的距离；倒水给小玉喝和搬椅子给小玉坐，舒缓了小玉的情绪。这样做的目的都是为了能够顺利与小玉进行沟通，使她的心理与教师靠近。接着，李老师在行动上通过提问、排座位等行为再次证明同学、教师并没有歧视和不公正地对待她，从而进一步打消了她的顾虑，消除了她的抵触情绪，使她愿意融入集体之中。再加上李老师适时地对她的优点和行为进行激励，更加促进了小玉融入集体和进步的进程。

三、缓解压力，重塑信心

案例

学生小张在他5岁时父母离异，随母亲生活，在他的生活中，从此没有了父亲的关爱。

小张在高中的头两年学习劲头很足，但是到了高三的时候，成绩下降得很厉害。在一次全校的模拟考试中，他在班级中只排第40名，这个成绩考大学是没有多大希望的。

他的班主任王老师是一位有10多年教育教学经验的语文教师。王老师赶紧找他谈话，可他不但没有改变，反而有强烈的对抗情绪，消极对待学习。高三第一学期期中统一考试时，他的作文没写，对学习的厌倦达到了极限。

王老师想：这名学生以前学习比较好，考大学希望很大。可现在是什么原因使小张突然变了呢？

王老师通过家访了解到，小张的家庭条件极其困难，母亲体弱多病，几乎丧失了劳动能力。面对这样的学生，该怎么办呢？

高三第二学期开学后的第二周，他母亲来到王老师的办公室。王老师和她谈了很长时间，通过谈话可以看出她是位朴实、善良的母亲。小张的母亲也给王老师道出了生活的艰辛。

作为女性及母亲的王老师，暗自悲伤，真是可怜天下父母心。小张母亲说："我身体不好，经济上也很困难，但只要他能考上大学，有条出路，我再难也要供他上学。"

小张母亲的话使王老师内心备感沉重，她深知一位单身母亲带孩子的苦衷与困难。

王老师问道："小张在家和你谈论过学习的事吗？"

小张的母亲说："说过，他有时经常说他考不上大学怎么办。"

王老师终于明白了，小张的学习成绩下降是家庭贫困，又面临高考，压力太大造成的心理紧张导致的。长期的压力，使小张丧失了学习的信心。

于是，王老师安慰小张的母亲，叫她不要着急，自己会想办法的。

王老师接着找小张谈话。王老师说："小张，你现在成绩下降得很厉害。今天，你的母亲和我谈了很久，我也知道了你的家庭情况。我认为你不是不想上大学，而是怕考不上，白白花费了高中三年的学费是不是？"

小张低下了头。

王老师知道这是说到他的心坎上了，于是接着说："这说明你还是一个懂事的孩子，但你有没有想过，你现在就放弃，是不是太早了一点？"

小张这时说："我也想考大学，将来找个好工作，好好孝敬我的妈妈，她实在太苦了！"

"既然这样，那你为什么现在不刻苦学习呢？"王老师问道。

"我也想好好学，可是一想到如果考不上大学，我就特别害怕，一害怕就没有心思学习了。有时我觉得生活太累了，真是没意思。"

王老师意识到小张的心理问题已经非常严重了，如果再不及时采取措施帮助他，后果将不堪设想，也许他的前途就毁掉了。

"这学期你的学费还没交吧？"

小张又低下了头。

"你的情况比较特殊，学费的问题我帮你解决，你就不要考虑了。"王老师说。

之后，王老师把小张的情况告诉了年级主任。年级主任把情况反映给学校，把小张的教学资料费给免了，接下来学费、保险都给免了。学校还给他办理了贫困生补助。

过了几天，小张找到王老师，对王老师表达了谢意。

王老师又开导他："你能够考虑家庭情况，能够体谅母亲的艰辛，这是很难得的。现在很多人都做不到这一点，老师很欣赏你。贫穷不是你造成的，也不是你的过错。你不要有太大的心理负担，压力也不要太大，要把压力化为动力。只要你努力了，即使考不上大学，也不会遗憾。但如果你现在不努力，将来会遗憾终生的。还有，你要多参加体育活动，适度的体育活动对缓解压力是有好处的。老师会考虑在这个学期适当地开展一些活动，到时候你一定要参加，好不好？"

小张说："我会按您说的去做，这么多人关心我，我再不好好学习真对不起关心我的人！"

王老师把开展一些活动来缓解学生压力的想法告诉了年级组长，得到了许多教师的支持。在高三最后一个学期，学校的活动开展得有声有色。小张在课余时间精神得到了放松，学习效率也提高了，取得了良好的效果。在几个月后的高考中，他如愿以偿地考上了理想的大学。

📖 真教育思考

家庭的贫困使贫困生感到自卑。自卑使他们的心理压力过大。长期的紧张状态使他们消极应付学习，甚至不思进取。因为自认是弱者，所以他们无意争取成功，只是被动服从并尽力逃避责任。在教育教学工作中，教师，尤其是班主任要积极应对这种情况。

王老师首先从经济上帮助小张，通过减免学杂费等措施给予他帮助，暂时缓解小张由于经济贫困造成的精神压力。家境贫困的学生大多数能够体谅父母的艰辛，这是他们的优点。王老师就抓住这一点，鼓励他在逆境中去奋斗。另外，王老师还加强了对他的心理疏导，同时结合开展活动来缓解他的精神压力，使他放下包袱，最终考上了大学。

四、激励贫困生的方法

贫困生相对于其他学生来说，主要体现在"心理贫困"上。他们容易出现一些心理问题，如：自卑、敏感和封闭；情感上缺乏归属感等。

对他们，我们要多下功夫，在学习和生活中发掘他们的优点，帮助他们克服缺点、战胜困难，从而保证贫困生的健康成长。

1. 引导贫困生正确看待贫困

我们要告诉贫困生，家庭贫困不是他们的过错。每个人都没有必要因为贫困而自卑；贫困也不是沉沦的理由，反而是一种不可多得的财富。

一名贫困生说得好："我们不能选择家境，但可以选择人生！"我们要积极引导贫困生正确看待贫困，勇敢面对贫困。要让贫困生看到自身有许多优点，让他们对自身的优点进行自我发现，将贫困的压力转变为努力学习、增强能力、锻炼品质的动力，以积极乐观的态度看待贫困。

2. 良好的人际关系是促进"心理脱贫"的润滑剂

贫困生具有的吃苦耐劳、勤奋刻苦的优点，能在人际关系的建立中起到很好的作用。很多学生在学校的生活和学习中是需要别人帮助的。贫困生在家庭中经常锻炼，独立生活的能力较强，在帮助同学方面具有明显的优势。教师和学生要及时发现他们的优点，使他们觉得自己是很有出息的人。教师要教育非贫困生要用自己的真挚情感去感染、激发贫困生的情感，实现情感沟通，从而促使贫困生以友善、平和的心态与同学们友好相处。这样就能够促使贫困生走出自卑，走出自我封闭。

3. 经济支持是缓解贫困生心理压力的重要途径

经济问题一直困扰着贫困生，由此导致他们的心理自卑是很常见的。因此，让他们走出自卑造成的心理困境也要从经济方面去解决。学校要设法资助贫困生，对贫困生优秀行为和优秀学业成绩给予奖励，以缓解贫困生因经济问题造成的心理压力，让他们明白通过自身的努力和集体的帮助，是可以解决经济问题，为家庭做出贡献的。

4. 积极开展心理健康教育

我们应该对贫困生的心理特点进行有针对性的、系统性的心理健康教育，但在进行心理健康教育时要注意艺术性。

（1）语言要有艺术性。我们在与贫困生交流时要注意语言的使用，不能因为语言的不当对贫困生的心理造成伤害。

（2）行动要有艺术性。我们在利用多种活动来改善贫困生的心理状况时，行动上要有艺术性，要让贫困生通过自身的努力获得资助，而不是简单直接地给予他们帮助。因为这样容易被贫困生看作施舍，不利于其心理问题的解决。把资助当作对贫困生努力和优点的激励，使他们的心理不要承受过多的压力，这样才有利于贫困生的心理健康。

我们要积极地采取多种办法，通过各种富有爱心的教育策略来解决他们的心理问题，真正做到理解贫困学生，尊重贫困学生，关爱贫困学生，并要切实解决贫困生的心理问题和实际困难，让他们像正常的学生那样健康快乐地成长。

第四节　教师对作弊学生的智慧教育

在考试中作弊虽然不是关系学生生死的重大问题，却是一个隐藏着很多问题的问题源。从大的方面讲，作弊是学生对自己的学习成果、个人品行的不尊重，而且对其他真正努力过的学生也很不公平；从小的方面讲，作弊表明学生面临的压力太大，也表明学生的自信心较差。

如果作弊得逞了，就会给作弊学生带去极大的精神和物质鼓励，进而激励和坚定他们在考试中一遇到难题就作弊的不良心理；同时其他学生看到后，也会效仿。这样一来，不仅考试的意义不复存在，学生的信仰与品质也会出现问题。所以，我们应该预防并及时制止学生的作弊心理与行为。

然而，对作弊的学生，我们不能一味地采取强硬的手段，不能总是嫌弃他们不求上进地以不诚信手段获取虚假荣誉，而是应该尽量给他们机会，让他们意识到作弊这一错误心理与行为的严重性，并给他们希望，督促他们积极地改正，自觉地向好的方面发展。

改变一个人，首先要改变他的心理。尽管学生作弊的最终目的、最直接动机都是考得一个高分数或取得一个好成绩，但是潜藏在这种行为背后的原因却不止一个。

那么，促使学生产生作弊的心理都有哪些呢？

1. 虚荣心理

有些学生，包括一些优秀生，即使平时努力学习，学习成绩好，也会为了取得更优异的成绩，以维持自己的荣誉，满足自己的虚荣心而作弊。

2. 投机心理

有些学生平时不好好学习，但为了避免因分数低而挨批评，往往在考试时想歪点子，靠小抄来"坐享其成"。

3. 依赖心理

一些学生从小习惯了事事被人"包办代替"，缺乏对人生观、价值观的深入思考。这使他们的是非、对错观念比较混乱，不以作弊为耻却反以为荣，甚至错误地认为如果考试不耍点小聪明，抄几道题，就不能显示自己的本事。因此，他们对作弊就产生了习惯性依赖心理。

4. 不平衡心理

有些学生看到其他同学因作弊而轻易地及格，甚至还取得了不错的成绩，就产生了"死命学习还不如考试作弊"的错误想法。于是，在这种错误心理的驱动下，他们也开始作弊了。

就这样，很多学生作弊了，但也为此付出了惨痛的代价。比如，丧失了个人信用，被发现后考试成绩定为零分，受到了学校广播点名批评，甚至被勒令退学等。这些都很令人痛心，也是原本不应该发生的事情。

因此，我们要尽力帮助学生纠正想要作弊的不良心理，帮助学生去除不良的学习心理，进而让考试真正成为检验学生成绩和教师教学是否有效的一种手段。

一、给予警诫，也给他一次机会

案例

这是期终考试的最后一堂课。

考试时间已经过半，几乎所有的学生都还在认真地读题、思考、答题，其中也包括小睿。

离收卷时间还有30分钟，可是小睿还有三道大题没有解出来。这几道题都很难，他平时都没有见过类似的题目。

"不好！这道题这么难，可怎么做啊？"在做最后一道应用题时，小睿发现题目难得超乎想象，不由得小声嘀咕了一句。

时间一分一秒地过去了，小睿的心越来越急：这道题是偷看同学的，还是就这样空着交卷呢？

在考前，小睿爸爸说过，如果这次考试小睿能够跻身前10名，就会带小睿去北京爬长城；如果进不了前10名，就会让他参加补习班，而这意味着小睿以后将没有周末休息和娱乐时间了。

看还是不看呢？看了如果被老师发现了，怎么办？再说了，那不是自己的真实成绩，得了分也心虚啊！小睿的头越来越疼了。这道题分值可是15分呢，决定着好几名呢！如果不做这道题，那就肯定进不了前10名了。再说，天天参加补习班，没有一点玩的时间，实在太痛苦了。

想到这里，小睿咬了咬嘴唇，决定铤而走险，做一次自己也不喜欢做的错事——作弊。

让小睿高兴的是，坐在他前面的正好是班里数学成绩排名第一的学生——文文，而且他比小睿足足矮了一头。只要小睿一抬头，就能很轻易地看到答案。

只见小睿把头一抬，做成要打哈欠的姿势，随后，双眼往正下方一瞄，正好瞄到了那道题目，然后，打了个哈欠……

然而，小睿自以为天衣无缝的安排，还是被监考的张老师看在了眼里。

"唉！没想到，像小睿这样一向耻于作弊的学生，也玩起了这套小把戏！真是的……"在小睿第三次打哈欠的时候，张老师轻轻地咳嗽了一声。

小睿顿时被震住了，匆匆交了卷子。

收完卷，张老师就在教室门外叫住了小睿，请他去办公室一趟。

小睿一惊：糟了，要挨训了！如果老师把这件事告诉爸爸，我死定了！要知道这样，还不如不看呢！

小睿懊恼不已地跟在张老师身后，进了办公室。

"小睿，最近怎么啦？"张老师和蔼可亲地问，那口气就好像没有发现小睿考试作弊的事似的，倒像是想和小睿促膝谈心。

小睿装作轻松的样子回答："嗯！我语文考得不好，很担心老师请我家长来学校。"

"哦！那你是不是很害怕请家长来学校啊？"张老师问。

"嗯。很害怕！我爸爸打人可凶了。"小睿羞红了脸，不好意思地答道。

"原来是这样啊！情有可原。"张老师说。

小睿被张老师的话搞得一头雾水，于是问道："老师，您这话什么意思啊？难道您看见我刚才偷看文文的卷子了？"小睿嘟囔了一句。

"哈哈！你倒还挺勇于承认错误的嘛！"张老师笑道。

"呵呵！老师您过奖了！"小睿硬着头皮说。

"好了，你也别在这里拍我的马屁了。我可不吃这一套。"张老师似笑非笑地说。

"完了，完了！老师要叫我爸爸来了！"小睿大惊。

谁知，张老师好像看出了小睿的心思，说道："不过，看在你勇于承认错误的份儿上，我就饶了你这一回……"

"张老师万岁！张老师万岁！"小睿大喜。

"我还没说完呢！"张老师制止道。

"那您接着说。"小睿赶忙停下。

"好！我说了，你可别高兴得太早！"张老师顿了顿，继续说，"我可以不请你家长来学校，但是你必须重新考试，而且考卷我要重出一张。另外，你还要写份保证书，答应我以后绝对不作弊。你应该知道，作弊根本不利于提高你的学习成绩！"

"老师，为什么还要考一次啊？"小睿有些不解。

张老师笑道："因为请你家长到学校，将你逼到了极限。我想如果再继续逼下去，后果一定会不堪设想。所以，我决定不请你家长了。而让你重考一次是因为你作弊了，这次取得的成绩不真实。我怎么能让你拿一个不真实的成绩去欺骗你爸爸呢？好了，明天来学校参加考试吧！这张考卷是我重出的，内容虽然和刚才的不一样，但是也很有难度，范围也一样。"

"原来是这样。那如果这次我考好了，成绩可以算入我的考试成绩吗？"

"当然可以！"

第二天，小睿准时参加了张老师给他安排的单人考试。

批改完试卷后，张老师笑着说："做得还不错，92分，全班第11名。已经进步很大了！要知道，你上次才考了第30名！"张老师拍了拍小睿的肩膀，"进步了就是好事，其他的不要管那么多。总有一天，你会做到你爸爸要求的那样好的！"

"你放心吧，老师。谢谢你给我的这个机会，我不会再作弊了。"

真教育思考

其实，很多学生作弊，都不是天性使然，也不是他们愿意作弊，不知道作弊的坏处，而是有他们不得已的苦衷。当这不得已的苦衷给予他们的压力大到足以让他们放弃心中的道德底线时，他们就会做出连他们自己都不想做、不屑做的事情，比如这次小睿作弊。

虽然成绩在班里并不是很好，但是小睿不愿意通过作弊这种手段获得高分数。然而，当爸爸提出对他来说相当"苛刻"的要求后，他达不到的话，就只能参加补习班，而没有一点点个人时间了。这对于一名十几岁的学生来说，实在是一种折磨。如果他达到爸爸的要求，则不仅不用参加补习班，还可以获得爬长城做"好汉"的机会。这样利益明显的事情，任谁都有可能产生作弊的念头，甚至举动。

所以，当发现学生作弊时，我们不要一下子就武断地认为学生本性不好、品质有问题，不妨先了解一下学生的心理、动机，然后再选择一个更好的教育方法。

张老师在大概清楚了小睿的想法后，选择的是再给小睿一个机会，重新让小睿做一份难度相当的试卷。这样，一方面可以考查清楚小睿的学习情况，另一方面也能让小睿消除通过作弊达到目的的不良心理。而且，让学生在这种得到教师体谅与宽容的心理状态下考试，他们没准儿考得更好，更容易实现自己的目标。

小睿重考后的成绩在班级排第11名，比之前进步了将近20名，算是相当不错的进步了，而且这种进步是"货真价实"的。相信小睿爸爸也会做出让步，同意小睿不参加补习班的请求的。

二、给学生一点信任，让学生自省

案例

这堂课考的是洋洋最头疼的英语课。后面的写作题，是洋洋的弱项，他根本就没奢望得多少分，更没想过靠它拉分。所以，要想在这次考试中达到妈妈给他制定的目标——比上次考试多15分，他就必须在选择题上下功夫。可是，就算是绞尽脑汁，他也没有办法多得那么多分。如果达不到妈妈的要求，以妈妈的暴脾气，他肯定会遭受皮肉之苦。

洋洋想：怎么办呢？唉！看来以后真的要在英语上下功夫了，总是这样提心吊胆的怎么行呢？洋洋一面不停地告诫自己好好学英语，一面想着如何解决眼前的问题。

正在发愁之际，洋洋看到坐在自己左手边的就是英语课代表岩岩，他猛然想到了一个妙招——不会的就抄岩岩的，做好了的就顺便和她对对答案。

想到这里，洋洋立刻就把后面的题做完了，就等着找个适当的时机偷瞄岩岩的试卷了。

监考老师黄老师虽然坐在讲台上，不像其他老师似的晃来晃去，但是，她那犀利的好像能看透人心思的眼神，实在让洋洋不敢轻举妄动。

时间一点点地过去了。洋洋就像热锅上的蚂蚁，怎么坐都不舒服，也没心思去思考那些题目。

终于，黄老师下来巡视了，而另一位监考老师坐在了讲台上。

这给了坐在教室后面的洋洋一个可乘之机。趁黄老师向教室前面走的空当，洋洋赶紧瞄岩岩的答题卡。瞄了几次之后，洋洋就还差四道题目没有写了，而这时的岩岩恰好把手压在了答题卡上，洋洋什么都看不到了。

无奈的洋洋只好不时地瞄过去看岩岩的手挪了没有。就在瞄第4次的时候，洋洋感觉一股寒光射过来了。

洋洋心想：糟糕，被发现了！

果然，黄老师向洋洋这里走来了，然后在距离洋洋1米的地方站住了，不说话，只是盯着洋洋看了1分钟，然后又继续向教室后面走去。

随后，交卷时间到了。

黄老师来收洋洋这排的试卷，走到洋洋身边，她故意收得很慢，然后又颇有深意地看了洋洋一眼，最后把一个小纸条塞在了洋洋手里。

走出考场，洋洋打开一看，上面写的是："洋洋，其实你前段时间学得很努力。老师相信你，即便今天你不这样做，也能取得一个好成绩。不过，老师相信你以后一定会改的！"

洋洋心想：我作弊了，老师不仅没有责骂我，居然还这么信任我！如果我不主动承认错误，多辜负她的信任啊！洋洋把纸条一揉，赶紧向办公室跑去。

"黄老师，我知道错了！以后一定不这样了！您把我这次的考试记零分吧！"

看着一脸羞愧的洋洋，黄老师拍了拍他的肩膀，说："这次考试，给你算什么样的成绩，其实不重要。重要的是，老师相信你已经知道以后怎么做和知道什么才是最重要的了！"

"最起码我已经知道做不应该做的事情，早晚会被发现，最终会受到惩罚。老师，相信我以后一定会好好学英语，不会再让这种事情发生了！"

"好的！以后学习上有什么问题，老师会帮助你的！"

📖 真教育思考

一个人无时无刻不需要信任。在做了作弊这样不齿的事情，尤其是被教师发现后，学生，尤其是良心发现的学生，依然需要教师的信任，需要教师相信他这样做是不得已的，需要教师相信他会改正的，需要教师相信他还是名好学生。

洋洋在作弊之前，就已经想到以后要好好学习。

一名成绩不太好的学生作弊被教师抓住，往往教师就不太会相信他以后会"改邪归正"了。可是，洋洋被黄老师抓住后，却没有直接把他揪出来，反而通过递小纸条的方式予以解决，给他留了面子，表示相信他以后一定能够做名好学生。

这让本来就有"做名好学生"想法的洋洋很感动，彻底自省了：老师这么相信我，我怎么能欺骗她呢？

于是，洋洋就主动去找老师坦白了，希望老师处罚自己，并且向老师保证，以后不会再让这种事情发生了。

在抓住学生作弊后，不管那名学生的成绩好坏，教师都不能轻易地采取强硬措施，而应该给他们一点信任，让他们在教师信任的教育真爱之下，自我反省，自我纠正。

三、不点名批评，给学生留点面子

案例

时间已经过去了一大半，学生们都只顾埋着头"沙沙"地奋笔疾书。

还有15分钟就要交卷了，学生们还在认真地答着题，没人东张西望地想歪点子。看来这次考试的结果都是学生们的真实成绩，主监考教师李老师这样想着，就坐在了讲台上，欣慰地笑了。此时，另两位担任副监考的教师可能是巡视得太累了，也坐在了一旁。

再巡视一圈就差不多该交卷了。李老师这样想着。

在往教室后面走的时候，李老师突然感觉有点不对劲，就急忙扭回了头，正好看见坐在教室前面的乐乐伸着手，歪着头，在做什么。

他在作弊！怎么像乐乐成绩这么好的学生也会作弊呢？李老师不悦地想着，就转过身来轻手轻脚地往回走。

果然，乐乐在偷看写在左手上的东西。

李老师想，唉！还是私下找他了解一些情况再说吧！现在抓他个现行，以乐乐那么要强的个性，可能会接受不了。

下课铃响了以后，李老师收完卷子，出门时，对乐乐说了一句："乐乐，你昨天不是有道题想问我吗？一会儿来办公室找我吧！"

刚要收拾东西回家的乐乐一听，愣住了："我没有问老师题啊！"

可是，李老师却一副很认真的样子："你不能因为考试考完了，就不想解答那道题了，否则下次考试遇到它，怎么办？我现在把试卷交到教务处去。你先去办公室等我！"

在办公室里等待的乐乐怎么也想不起来自己什么时候问过李老师问题了：难道我刚才在考场上的举动被老师发现了？那样的话就糟糕了！如果老师刚才写在考场记录里上报到教务处，怎么办啊？去年年终考试就有学生作弊被老师发现上报了，结果学校在广播里点名批评了他。要是那样的话，我就不活了！真是丢死人了。

乐乐突然意识到可能是自己作弊的事情当时被发现了，于是就开始胡思乱想。

正想着，李老师进来了。

"老师……"乐乐欲言又止。

"你知道我找你是为了什么吧？"李老师倒是没有生气，反而一脸温和地说。

"我错了！刚才我在考场上偷看手上的单词了！"

"很好，你很诚实嘛！能认识到自己的错误，不错！乐乐，你学习一向不错，为什么也会做这种事呢？"李老师很想搞清楚其中的缘故。

"因为我前段时间生病了，虽然功课赶上来了，但还是怕考不好。为了确保万无一失，我就把几个可能会考的单词写在了手上。在刚才检查卷子的时候，我对照了一下。"

"如果这是不自信造成的，老师倒是可以原谅你一次。但是，我希望你不要原谅自己，因为我们不止一次说过作弊的坏处。其实，你大可不必担心自己这次考试的成绩，因为你一直都做得很好，即便因生病成绩略有下降，也是正常的！要知道，几乎没有一个人总是一帆风顺的！"

"老师，我知道了。因为我刚才对照答案时，发现我全都写对了。可是，就因为那一个没有意义的对照答案，让我有了一次作弊的不光彩历史。"

"是啊！本来不看也没关系。"李老师惋惜地说。

"那过几天我是不是也会被学校在广播里点名呢？"

"你很害怕吧？"

"嗯！因为那样不管以后我做得多好，大家都不会相信了。"

"老师相信你是名好学生，也知道你会有心理负担。虽然我给你记录了，但是我也跟学校说了，你的情节比较轻微，可以忽略不计。当时，我也看过了，那时你的题目已经全部做完了，只是有点不确定、不自信而已。"

"真的？那学校不会点名批评我了？"

"是的。我也不会在班级里点名批评你。这不仅因为你作弊的情节轻微，且是初犯，更是因为我相信你真的能够改正，永不再犯。"

"老师，我以后肯定不会再干这种傻事了。不信，看我以后的行动吧！"此时，刚进办公室时笼罩在乐乐脸上的阴霾早已一扫而空。

很多教师在学生作弊后，都喜欢用点名批评的方式警告学生，而且这也确实震慑了学生，让他们不敢再犯类似的错误。然而，并不是所有的学生都能接受点名批评，比如乐乐这样自尊心极强的学生。

像乐乐这样的学生，如果因做了"亏心事"被教师点名批评的话，无异于无限地放大他们的错误。好面子的他们是接受不了的，甚至还会因此而丧失自信。如此一来，点名批评的正面作用就远逊于负面影响了。

对待这类学生，我们不妨像李老师那样，采取私下批评的方式，给他们留一点面子。

四、鞭策作弊学生的方法

学生考试作弊，确实是学校教育不容忽视的大问题之一。这一问题不被根除，就会严重影响学生的健康成长。所以，我们应该想办法，用爱的眼光，"温柔"地帮学生割掉影响他们心理健康的作弊"毒瘤"。

1. 塑造学生诚信的人格

学生作弊固然是很多因素共同作用的结果，如现行考试模式的陈旧、监考教师的执行不力、学生评价体系的不科学等，但最根本的原因是学生的诚信意识过于淡薄。所以，我们在引导学生消除作弊心理时，首先应该对学生进行诚信教育。

为此，我们可以利用课堂教学、班会、周会等时间，采用讲诚信故事、树立典型诚信人物等形式，对所有学生进行诚信教育。而对作弊的学生，我们还可以专门在课余时间里，对他们进行诚信教育，让诚信意识去抵制、消除学生的作弊心理。

2. 强化学生自我意识

自我意识，是指一个人对自己的认识和评价。良好的自我意识具有以下特征：有自知之明，既能看到自身的不足，又能看到自身的优势；懂得与他人平等相处，能够做到不畏惧退缩也不妄自菲薄；懂得保护、重视自己的身体健康，懂得珍惜自己的品德和荣誉；能控制自己的情绪，且能根据自身能力，做到"有所为，有所不为"。

学生只有不断在平时的生活中完善自我意识，树立积极、乐观、诚实的品质，才能塑造出完美人格。所以，我们应该以欣赏学生的心理，帮助每一名学生，即便是他有作弊的习惯，我们也要通过强化他们的自我意识，让良好的自我意识帮助他们减轻或者消除作弊心理。

3. 赞美学生进步

有作弊心理与行为的学生，可能学习成绩较差，也可能学习成绩非常优秀。因为考试成绩对学生来说，就是他们获得夸奖与认同的资本，是他们提升信心的有效途径。谁都希望通过更优异的成绩表明自己进步了，以获得更多人钦羡的目光。可是，当自身能力不足，或者具有足够取得好成绩的能力却不自信时，他们就有可能产生作弊心理，或者作弊。

对这样的学生，我们应该多欣赏他们，多赞美他们。对自身有能力的学生，我们通过鼓励与赞赏，提升他们的自信。对学习成绩不好的学生，我们可以多在课堂教学中给予他们关注，比如：课堂上多给他们一些发言的机会；发现他们有一点进步，就及时、毫不吝啬地表扬他们，明确地告诉他们，他们完全可以通过自己的努力取得更优异的成绩。

这样，这些学生在考试中，尤其是遇到不会的题目时，就不会动不动就做"小抄"的准备，不会一遇到难题就看他人答案；相反，他们会因为教师对自己的激励而努力克制自己。

4. 赞美学生品质

虽然作弊的学生可能在诚信品质上稍有欠缺，但这并不代表他们的其他品质也有瑕疵。所以，当发现学生作弊时，教师不妨多从这些学生身上寻找他们的其他优秀品质，让他们意识到自己是很优秀的学生，不要因为作弊而玷污自己的人品、影响自己的声誉。

每名学生都从心底希望教师认为他是名好学生，所以当看到自己即便作弊了，教师还夸奖他时，他就会很羞愧，就会逼迫自己尽快改正，做一名教师心目中的好学生。尤其是教师在夸奖他时，再加一句"你要是再诚实一点，就很完美了"之类的话，他们就会主动地改掉教师强调的他们身上的"唯一"缺点。

杜绝考试作弊行为，我们除了从学生的学习弱项抓起，更应该以欣赏而期待的心情，从心理上对他们进行引导。当我们在学生心中牢固地树立起"作弊是可耻的""作弊无助于学习""作弊之后勇于改正依然是好学生"的意识时，作弊就会逐渐成为他们的历史。

第五节　早恋的学生更需要教师的爱

早恋的学生通常在学习、劳动、课外活动中神情异常，上课走神，学习成绩突然下降，甚至迟到、早退、旷课和逃学；情绪起伏大，时而春风得意，时而满脸愁云，坐立不安，心神不定；对教师和家长比较反感，并回避他们；喜欢打扮，讲究发型、衣着，爱看言情小说；在异性面前表现失常。

学生一旦陷入情感的旋涡，就会只专心编织两个人的世界，把对前途的追求抛到脑后，难以专心学习，从而荒废学业。

一般情况下，早恋都会无果而终，这容易使双方因恋爱失败而产生挫折感，以致对生活丧失信心，对前途感到渺茫。更为严重的是，有些学生由于缺乏性知识，会出现早孕现象。为了不受到教师、家长和同学的嘲笑或责骂，也会引发一些轻生行为。

早恋是现实的、无法回避的教育问题，但它并不是洪水猛兽，更不是什么有罪的事情，而是每个人在成长过程中都会遇到的问题。因此，我们对此不要惊慌失措，不要大呼小叫，而应站在学生的角度，用理解、尊重的态度，循循善诱地激励学生走出情感误区，正确面对成长过程中的情感问题。

一、巧用贺卡，引导学生走出情感旋涡

🔖案例

朱老师在一次批改作业时，突然发现一张非常漂亮的心形贺卡。看到这张贺卡，朱老师的第一感觉是，这是学生送给自己的元旦礼物，因为过几天就是元旦了。怀着这种想法，朱老师饶有兴趣地打开来看。

这一看让朱老师大吃一惊。朱老师发现了一个秘密，原来这是一张情卡，是班里一个名叫小雪的女生写给外校一名男生的。卡上的话语虽不多，

但写得情真意切。根据上面的内容，朱老师猜到两人已经交往了一段时间，估计是粗心的小雪将贺卡遗忘在作业本里了。

望着这张漂亮的心形贺卡，朱老师怎么也不敢相信，一向内向文静的小雪竟然也早恋了。小雪原本是一名聪明上进的学生，在体育方面还有特长，是个好苗子。现在正值初三复习的关键时刻，她却早恋了。怎么办才好呢？朱老师陷入了深深的思考……

早恋这件事虽然说大不大，但说小也不小，一旦处理不好，就会毁了学生的前途。思索片刻后，朱老师渐渐有了主意。当学生们去做课间操的时候，她悄悄地把贺卡放回了小雪的书桌里。上课后，她向全班同学宣布："再过几天就是元旦了，也是我们初三年级在学校度过的最后一个元旦，具有非同寻常的意义。因此，我们班今年的元旦联欢会将增添一个新的节目——赠送贺卡。同学们自己制作一张贺卡，写上美好的祝愿，送给你最想送的同学。谁收到的贺卡最多，就由谁来主持今年元旦联欢会的最后一个节目——切蛋糕。"

学生们听后都非常高兴，积极动手准备起来。朱老师暗地里找到班委和班内积极分子，让他们每人精心设计一张贺卡送给小雪，以帮助她在青春之旅的十字路口做出正确的选择。

几天后，元旦来临，班里的元旦联欢会开得热闹而隆重。学生们在欢快的音乐声中互赠贺卡，互相数着有多少张。这时，班长说："现在让我们看看，谁收到的贺卡最多？"

"小雪！"学生们兴奋地喊起来。班长在朱老师的授意下，对大家说："咱们让小雪给大家读一读贺卡上的内容好不好？"

"好！"学生们热烈地鼓起掌来。

小雪不好意思地站了起来，带着惊诧与不解的眼神看着朱老师。朱老师向她鼓励地点了点头。小雪深深地吸了口气，拿起贺卡念道："青春如花朵般美丽，比黄金还要宝贵，让理想与信念装扮你美好的青春。""运动场上，当你奔跑向前时，我们为你加油鼓励；当你捧回第一名的奖状时，我们为你欢呼。在我的心中，你是咱们班的体育明星。祝你在学习之路上也飞奔向前。""祝愿你向着崇高的目标，努力追求，创造美丽的人生。""希望你点燃奋进的火把，做一名强者，去攀登知识的高峰。"……

读着读着，小雪眼中不由得噙满了晶莹的泪花。这时，朱老师站起来，说："学生时代是学习知识、撷取智慧之果的黄金时期。如果有的同学受外界影响，分散了精力，耽误了学业，将会造成终生的悔恨。时不我待，今日不努力，明日后悔迟呀！"

接着，朱老师又说："我这里也有一张贺卡，送给小雪同学，也送给大家。它寄托着我对同学们美好的祝愿和殷切的希望——青春是海，有时风平浪静，有时恶浪滔天，我们要用知识做船，升起理想的风帆，向着美好的明天永远向前！"小雪带头鼓起掌来，并使劲地向朱老师点了点头。

"切蛋糕喽！"在同学们的欢呼声中，小雪切下了第一块蛋糕，双手捧到朱老师面前，小声地说："朱老师，我懂了，谢谢您！"

从此以后，小雪把精力全部放在学习上，最后以优异的成绩考上了区重点高中。教师节那天，朱老师收到了小雪寄来的一张贺卡，也是心形的，上面写着："我是一只迷航知返的小船，重新找到了人生的坐标。无论何时，升起的帆都不会降落，因为它上面写满了理想。"

📖 真教育思考

一张夹在作业本中的爱情贺卡，让朱老师发现了小雪早恋的秘密。朱老师不但没有批评、责备小雪，反而用一颗善感敏悟的心灵，在小雪身上倾注了真正的爱与情感。这种爱与情感是厚重的。朱老师用诗意的语言和诗意的心灵去关爱小雪，巧妙地利用那张心形贺卡，借助全班同学的力量，去呼喊、激励小雪不要因一时的迷惑而后悔终生。聪明的小雪最终醒悟，她感动于朱老师对自己的激励，并因此发奋努力，考上了理想的学校。

二、引导分析，帮助学生正确对待早恋

📖 案例

小娜是刘老师任教班级中的一名成绩优异的女生，刚满17岁，成长在一个富裕的家庭，但父母整日忙于工作，很少有时间陪她。

这段时间以来，刘老师发现小娜有一些反常现象：平时只穿校服的她也

突然注重起衣着打扮了；上课的时候总是不认真听讲，经常发呆；学习成绩突然直线下降；还经常借故迟到、早退或请假；一向活泼好动、热情开朗的她，忽然之间变得沉默寡言了。

看到小娜的这些变化，作为过来人的刘老师猜测她一定是早恋了。

刘老师知道，刚进入青春期的少男少女之间互相倾慕，是学生生理和心理成熟的标志，"残酷"地压制往往适得其反。

面对小娜的早恋行为，刘老师采取的方式是：坚持不伤害她，善待她一生中最圣洁、最珍贵的情感。另外，采取平常的姿态，对懵懂、无舵的她进行劝告、引导。

一天放学后，刘老师留下小娜与她谈话。小娜有些忐忑不安，心想："老师不会知道我谈恋爱了吧？"

看着一脸疑惑的小娜，刘老师微笑着问："老师发现最近你的成绩有些退步，是不是家里出了什么事？还是课程太难，学起来吃力？"

听了刘老师的问话，小娜不禁红起脸来，低下了头。

刘老师温和地说："没关系，你有什么事就说出来，老师帮你一起想办法解决。"

停了片刻，小娜终于开了口。她说："刘老师，我家里很好，也没什么事，只是心里莫名其妙地烦。加上这学期学习负担过重，学校生活又枯燥乏味，我的情绪总处于低落状态。而我的爸爸、妈妈工作又太忙，根本没有时间陪我和开导我。"

"哦，原来是这样，像你这年龄段的学生情绪一般都比较敏感，会出现许多情感上的困惑，这是正常现象。这样吧，你父母太忙，以后有什么不愉快的事，就找老师谈吧！"刘老师诚恳地说，"如果你有什么秘密，老师保证不会告诉任何人。"

老师的话，让小娜原本迷惘的眼神开始有了光彩。

沉默了一会儿，小娜问道："老师，如果我们班存在早恋问题，你会怎么处理？"

她的提问证实了刘老师之前的猜测。

刘老师坦诚地说："异性同学间存在好感是正常的，只要不过分，没必要刻意扼制。但一味地追求浪漫，每天把大部分时间耗费掉，则会影响学习，影响你们的健康成长。"

小娜见刘老师的态度如此诚恳，毫无恶意，她的心理防线打开了："老师，我喜欢上了外班的一名男生，你会认为我是个坏学生吗？"

"怎么会呢！在老师心中你永远是名好学生。初恋是人生中最美丽的感情之花，无论它开在什么时候都是值得珍惜的。"刘老师又不动声色地试探道："可以告诉我为什么喜欢他吗？"

"他学习优秀、幽默风趣、责任心强，和他在一起我什么烦恼都没有，而且我们有聊不完的话题。"小娜羞涩地回答。

"嗯，的确是个优秀的男孩。但是你知道吗？要想让对方也欣赏你，就必须让自己变得更出色。"刘老师开始引导她。

"老师，我知道自己最近的表现让您失望了，但我会努力从各方面严格要求自己的。"小娜能这么想，事情就好办了，刘老师肯定地点了点头。

过了一会儿，小娜突然问道："老师，你说我和他之间的感情会不会天长地久？"

引导她的时机终于来了。

"感情是需要考验的。你们现在仅仅是一种朦胧的感觉，不同于正常的成年男女的恋爱行为。我并不反对你们现在的交往，但我认为最好不要刻意给两个人的关系贴上标签。"刘老师帮她分析道。

小娜若有所思。

谈话结束后，刘老师向她推荐了《名人的爱情故事》一书，让她回去好好看看，冷静地想一想。同时又给她布置了一篇作文——男女生之间有没有真正的友谊。

一周后，小娜带着写完的作文来到了刘老师的办公室。

作文中，小娜认为男女同学间应该互相关心、帮助，真诚、友好地相处。她还用了比喻句来阐述友谊——友谊就像一块炭，当你孤独时，它能带给你温暖。

"对！正常的男女生交往会使我们的人际关系更完善，增长我们的知识和生活情趣。"刘老师看完作文后，对小娜大加鼓励。之后，刘老师又问："你平时是怎样和男生交往的？"

小娜忙说："我认为不应该矫揉造作，对待男生应该真诚自然。"

"很好，你一定是个受异性欢迎的人！"刘老师再次对她加以肯定，同时又向她介绍了异性交往应遵循的一些原则。

"原来异性交往的学问这么大！"小娜感叹道。

见她已经有些释怀，刘老师就随意地问道："你和那名男生最近怎样？"

"老师，我们现在保持正常的往来。"看得出她没有隐瞒。

"青春期是人的智力发展的高峰时期，是学习的黄金时段。我相信你们的交往一定不会影响彼此的学习，反而会成为你们前进的动力。"刘老师亲切地说。

"谢谢你，老师。我会记住您的话。"小娜感动得流下了眼泪。

事后，刘老师还打电话给小娜的父母，建议他们腾出时间，经常陪小娜聊聊天，看看电影。

之后，刘老师又找小娜谈了几次，渐渐地她脸上的笑容多了起来。

如今，小娜和那名男生保持着正常的交往，迟到、早退、请假的现象再也没有出现，她的成绩也有了稳步提高。

📖 真教育思考

学生的心思像一本书，需要教师用心去领悟才能读懂。面对早恋，教师要采取平常的姿态，尊重学生，善待学生一生中最圣洁、最珍贵的情感，同时为学生保守秘密。只有这样，他们才能向我们敞开紧闭的心扉。

刘老师就是用平常的姿态，通过与小娜进行真诚交流，才打开了她紧闭的心扉。

当小娜向刘老师道出了心中的秘密时，刘老师并未当场表明对早恋的态度，而是因势利导，激励小娜将异性的欣赏转化为学习的动力，即"要想让对方也欣赏你，就必须让自己变得更出色"。

刘老师在此基础上循序渐进，引导小娜正确对待男女同学之间的关系，最后将家的温暖融入对小娜早恋的教育中，以达到消除早恋存在土壤的目的，真正做到"标本兼治"。

印度诗人泰戈尔有一句名言："不是槌的打击，乃是水的载歌载舞，使鹅卵石臻于完美。"我们应该把这句话当作处理学生早恋时铭记的座右铭。

三、尊重学生情感，鼓励学生勇于接受失败

📖**案例**

一双忧郁的眼睛，一张俊朗的脸庞，这是小涛留给优秀班主任李老师的最初印象。但他的学习基础很差，似乎怎么学也看不出有多少进步。每次李老师找他谈话，他都非常乖巧。无论老师说什么，他都顺从地不断点头。因此，在李老师的意识中，还从来没有把小涛打入"刺儿头"的行列。但就是这个眼神忧郁、身体虚弱、爱请假的、不张扬的小涛，却在一天突然钻入了李老师那独特的"意识"中。

课堂上，李老师隐隐感觉到那双忧郁的眼睛时而透射出"迷茫"，时而迸发出"幸福"，那是青春期学生处于早恋时特有的表情，一定是这名忧郁的男生闯进了他不该去的青苹果乐园。

为了了解事情真伪，李老师私下做了调查。果然，小涛与一名刚刚高中毕业的女生谈恋爱了。那名女生李老师教过，非常文静羞涩。他们从什么时候开始谈的恋爱，李老师已无法考证，她只发现小涛请假"治病"的次数越来越多了。出于教师的职业敏感，李老师怀疑他是在撒谎。

于是，李老师悄悄给他母亲打电话，但电话声刚响就立刻处于"嘟嘟"无法接通的状态。一开始李老师还没有意识到里面的"文章"，当试了很多次总是处于这种状态的时候，李老师明白了：小涛给他母亲的手机动了手脚。当用别人的手机打通了小涛母亲电话的时候，李老师不由得感叹：这个孩子为了"爱"是何等用心良苦！为了"爱"，他不惜撒谎请假出去与那女孩约会；为了"爱"，他绞尽脑汁想办法阻挠老师与他家长联系；为了"爱"，他将自己的学业抛诸脑后；为了"爱"，他不断编织着一个个谎言！虽然李老师很能理解这份感情，但她更明白，这时候所谓的"爱情"只不过是天空中突然闪现的流星——稍纵即逝。作为教师，必须阻止它。但怎样处理呢？如果横加阻止，只会让它"升温"。

怎么办？李老师不断在心中问自己。有一天，学生们做完广播体操后，李老师悄悄地把小涛留在了操场上，平静地对他说："最近你的身体总是不好，要多学着照顾自己，不要让家长和老师挂心。如果遇到不开心的事，只要你相信我，老师很愿意帮助你。"小涛用那忧郁的眼神望着李老师，咬着

嘴唇点了点头。

这样过去了很多天，李老师一直密切关注着小涛的一举一动。一天中午，小涛突然打电话说想见李老师。李老师知道，他肯定失恋了。当李老师找到他时，发现那双忧郁的眼睛早已哭肿了。李老师上前安慰他，小涛敞开心扉，向李老师讲述了他的恋爱历程。

讲完故事，小涛用他那双忧郁的眼睛望着李老师。李老师拍拍他的肩膀，鼓励道："你成熟了！老师知道你一直是很认真地对待自己的感情，否则怎么会经常请假呢？恋爱，是一个正常人必然要经历的，失败了，也不是丢人的事情。敢于追逐自己的爱情，说明你是一个有胆识的人！善待自己的爱情，说明你是一个有责任心的人！现在，你又能在老师面前分析自己的爱情，说明你成熟了。经历这样的感情，对你来说并不是一件坏事。你要好好审视自己，明白自己现在最需要的是什么。只有这样，你的父母才会为你骄傲，老师才会为你自豪！也只有这样，你的这份感情投入才会有价值！"

听了老师的话，小涛笑了，那双忧郁的眼睛流露出了一丝坚定……

📖 真教育思考

人生的每一个阶段都会有它独特的烦恼，青春期的学生也不会例外。恋爱，对青春期的学生来说，并非"禁地"，对教师也并非"洪水猛兽"。教育家爱默森说过，教育成功的秘密在于尊重学生。谁掌握了这把"钥匙"，谁将获得教育上的巨大成功。

显然，李老师掌握了教育成功的"钥匙"。发现小涛有早恋现象后，她没有像有些教师那样火冒三丈，更没有上纲上线，横加阻挠，而是关心地告诉小涛："如果遇到不开心的事，只要你相信我，老师很愿意帮助你！"

教师的尊重赢得了学生的信任。小涛失恋后，第一时间想到的就是跟李老师诉说。李老师认真听了他的讲述之后，对他进行了积极的鼓励。受到鼓励的小涛慢慢从失恋的痛苦中走出来，转而将精力投入了学习中。试想，如果李老师当初横加批评，说一些小涛当初不该这样那样的话，小涛还会有这种转变吗？

四、对待早恋学生的方法

早恋是学生在成长过程中走向成熟的一种正常的心理现象。对此，我们既不能不管，也不能横加阻挠，而是要在尊重他们之间交往的基础上，抓住其早恋心理，给予积极的引导，让他们自然度过青春期，健康成长。那么，如何指导早恋的学生呢？

1. 借助谈心进行疏导

对于早恋的学生，需要我们在观察和分析的基础上，对他们进行耐心疏导。其中，谈心是疏导最常用的方法。我们要多关心学生，鼓励学生认清利弊得失，特别是对于失恋的学生，更要多加鼓励和疏导。

人毕竟是感情动物，分手后，学生的内心难免会产生失落感、孤独感和迷惘感，这是他们最痛苦、最需要教师帮助和鼓励的时候。此时，我们应该乘"虚"而入，找准时机，使其在心理上得到抚慰，重新找到温暖，找到人生的意义和希望。这时的疏导常常能收到事半功倍的效果。

2. 给情感转移提供场所

早恋虽易使人陶醉，但在年轻幼稚、身心等条件都不成熟的情况下恋爱，从长远角度考虑，得到的将不是幸福与欢乐，而是痛苦和烦恼。所以，我们要积极鼓励学生跳出早恋的圈子。

首先，我们要纠正学生思想上、认识上的错误，根据学生的思想性格，引导他们树立正确的理想和目标；其次，要给学生出路和机会，根据学生的性格、爱好，鼓励他们积极参加有益的活动，加入一些社团，并推举他们担任一些能展示他们才华的职务，充实他们的生活，让他们体会到学习、生活的乐趣。例如，对热爱文学的学生，我们可推荐一些中外名著供其阅读，或者推荐其加入文学社，或者向其推荐一些在文学方面有一定特长的教师和同学，使其学有榜样，做有示范。

3. 给早恋的学生多一些暗示

对那些头脑冷静、反应灵敏、善于独立思考且自尊心强的早恋学生，我们可采用心照不宣的暗示法，让学生进行自我教育、自我反省。比如，我们可以给他们讲一些因早恋而耽误学习的例子，帮助他们认识早恋对学习的负面影响，让他们对早恋有正确的认识，从而从早恋中走出来。但不管采取哪种办法，都要以暗示为主，点到为止，让他们自省、自律。

4. 目标赏识

在日本，如果教师发现一名男生和一名女生在谈情说爱，就会分别把他们叫到办公室，对他们说，你真的喜欢他（她）吗？你真的想娶她吗？你真的想嫁给他吗？那你从现在开始就要非常努力地学习，做到班里的第一，这样她就不会嫁给别人了。这就是目标赏识法。

中学生争强好胜，为了和自己喜欢的人达到同一个层次，会产生无穷的动力。教师可以利用学生的这种心理，给学生设定一个目标，激励学生向前迈进。

比如，有一名学习成绩较差的男生在高三的时候悄悄喜欢上了班里一个漂亮、文静、学习成绩优秀的女孩。于是，他信笔在本子上表达了自己纯洁的"单相思"与无望的忧伤，同时还忘了含蓄，竟提到了她的名字。

意外发生了，他的"杰作"无意中落到了语文老师手里。他惶惶不可终日，但一切平安无事——本子被还回来了！错别字被红笔改过，还有一段批语，"文章写得不错，有真情实感，如果你能在大学里亲手交给那位女同学就好了！"那一刻，男生醒悟了，仿佛大梦初醒。他开始拼命地学习，为了一个目标——考上她被保送的那所重点大学。最后，他终于如愿以偿了。

这位教师就是用了目标赏识法，使一个毫无希望考上重点大学的学生最终考上了重点大学。

作为教师，我们要理解和尊重学生的情感，毕竟任何一个人都是从那个阶段走过来的。学生的感情如同一件宝物，丢失了会觉得很痛心，如果把它收藏起来就会觉得很富有。教师要鼓励学生把这种感情变成动力，从而迈向更美好的未来。

第六节　教师怎样打开自负学生的心灵

自负可以说是一种普遍存在的、不健康的心理。许多有专长或智力超群的学生都容易产生这种心理。自负的学生常常目中无人，喜欢发号施令，做他认为"正确"的事情而不考虑后果。他们有的对大人傲慢无礼，不尊敬师长，瞧不起成年人在某些方面的缺陷；有的不听别人劝告，一意孤行；还有的甚至喜欢挖苦、讽刺别人。

自负的学生常以一种"俯视"的姿态对待同龄人。一旦这种养尊处优的感觉占据这种学生的心理，他在正常的学习生活中就很难与同学们融洽相处，而同学们对他那种"高高在上，目空一切"的态度也会越来越反感。久而久之，同学们会对他敬而远之。

一名学生如果长期处于"孤芳自赏"中，可能会失去自己做人应遵循的基本道德品质，或者用言行攻击别人，维护自己；或者有意进行一些破坏行为以引起别人的注意；或者一意孤行等。这些问题不能不引起我们的重视。我们要教育学生平衡心态，克服自负心理，发挥自身长处，学会与他人平等相处，从而避免让自负成为其人生道路上的绊脚石。

一、以退为进，将心比心，用心感化

案例

王老师的班里，有一个叫小毅的男生，他性格开朗活泼，处事有主见，对待朋友很"义气"，深得班里一部分学生，特别是男生的"拥戴"。再加上他学习成绩优秀，又是学校篮球队的队长，一系列的"资本"让他很自我，认为自己什么都是对的，有些瞧不起别人。

　　然而，小毅虽然各方面都比较优秀，但他所在的寝室经常被扣分，而且很多时候都是由他这个寝室长造成的，因为他的床总是很乱。寝室多次排名靠后让自负的小毅很恼火，但他不从自身找原因，反而认为管理员对他们寝室不公平，所以他对管理员很有意见。对于他的这种情绪，王老师曾找过小毅给他讲道理，但每次小毅都找各种理由为自己开脱，一副不屑一顾的样子。

　　有一天，王老师正在办公室里备课，忽然传达室来电话，说是寝室管理员请他马上到某男生宿舍。王老师很纳闷：这也不是我们班的宿舍啊！

　　带着满脑子的疑问，王老师匆忙来到寝室，推门一看，发现小毅正坐在一张床的下铺上，而寝室管理员站在他面前在询问一些事情。小毅爱搭不理的，非常没有礼貌。王老师马上问发生了什么事。

　　管理员气愤地告诉王老师，他来检查的时候发现小毅在这个寝室里，又看到有扑克，就问他们是不是打扑克了？扑克是谁的？为什么午休时间还在别人的寝室里？谁知，对于管理员的询问，小毅的态度非常恶劣，还出言不逊。

　　王老师听完，很是生气，真想把小毅直接送到政教处算了，但最后他还是克制住了自己的情绪。因为他知道这样做不但于事无补，还可能导致矛盾更加激化。小毅的脾气他太了解了，来硬的肯定不行，硬碰硬只能是两败俱伤。

　　这时，小毅打算向王老师申辩，但王老师制止了他，然后向小毅招了下手，把他带出了寝室楼。一路上，王老师没有说话，而是在思考怎么解决这件事情。来到草坪前，王老师停住了脚步，他看着小毅，足足盯了3分钟。开始还有些不以为然的小毅在王老师的盯视下，变得不自然了，他的眼神开始躲闪。

　　这时，王老师开口问小毅今天发生了什么事情。小毅一撇嘴，强硬地说道："他自找的！不就是一个破寝室管理员吗？"

　　看到他这种态度，王老师意识到今天的谈话可能比较困难。但无论如何，今天的"对话"必须成功，一定要改掉他这种自负的坏毛病，否则再想找机会对他进行教育就更困难了。王老师了解小毅爱冲动的脾气，这时候若对他进行严厉批评只会适得其反。王老师决定一改以前讲道理、讲原则的教育方式，采用以退为进的方法。

王老师看着他，以一种很温和的语气说："说说刚才究竟怎么回事。我相信你会和我说实话的。"

王老师这种谈话态度可能让小毅感到有些出乎意料，他用一种吃惊的眼神看着王老师。王老师以鼓励的语气说："说吧，老师相信你。"

小毅沉默了几秒钟，一改刚才那种不屑的表情，慢慢地把刚才的经过如实讲述了一遍。

原来小毅到以前的同学的寝室里借两本书，由于和同学聊得兴起，就忘了时间。当管理员开门进来检查的时候发现了他，又看到有扑克在旁边，就记下了他的名字，并且问他扑克是谁的。小毅本来就对管理员有意见，所以他对管理员的问话没有理睬，态度比较差。于是两人就吵起来了。他告诉王老师，他确实没玩扑克，也没有干别的坏事，只是在那里聊了会儿天，是管理员故意针对他的。

王老师知道，这次采取以退为进的方法已经奏效了。毕竟他没有像以前那样狡辩，而是实话实说了，这就表明他心里的巨石已经松动了。

王老师决定乘胜追击，于是以信任的语气说："老师相信你没有做坏事，但我想问你一个问题，你知道学校要求12点30分每名同学要在自己寝室的规定吗？"

他明显有点理亏地说："知道。"

"那你为什么还不回自己寝室呢？还有你有没有骂管理员呢？"

小毅的眼神有点飘忽，过了一会儿才低声说："有……有。"

王老师紧接着问："骂人对吗？"

"不对。"小毅小声地回答。

"是啊，你骂了别人，就是不对了，咱别的先不说。既然你对别人不尊重，别人也很难尊重你。如果刚才老师不分青红皂白就批评你，这是对你的不尊重。尊重别人是我们待人处世最起码的要求。就像现在我如果不尊重你，就可能一句都不啰唆，让你直接和你家长到政教处等待处理。你如果不尊重我，就不会留下来和我交流，而是转身就走。如果是那样，问题能很好地解决吗？"

小毅摇了摇头。

"还有，任何职务都不分高低贵贱，我们要尊重每个人的职业。"这时，王老师知道以小毅的脾气和悟性，自己不需要再多说了，说多了只会招他烦，点到为止就可以了，因此接着问："对于这件事，你想过怎样来解决吗？"

小毅顿了一下，然后坚决地说："只要不让我向他道歉，什么都可以。"

小毅那倔强自负的脾气又在作怪了，王老师只好再次以退为进。

"老师知道你是比较懂事的，我相信你会处理好这件事，我也知道你明白怎么处理这件事。"王老师以激励的语气告诉他。

小毅点了点头，没说什么。

第二天，王老师碰到寝室管理员的时候，问小毅有没有向他道歉。管理员高兴地说已经来过了，而且小毅的态度很好。

王老师听后很高兴，回到教室后，对小毅勇于认错的行为表示了赞扬。

真教育思考

学习好、篮球棒……这种各方面相对优异的学生很容易产生自负心理，认为自己无所不能，做什么都是对的，不把别人的意见放在心里。小毅就是一个典型的例子。

对于小毅自负的表现，王老师没有像以前那样讲道理、讲原则，而是采用了以退为进的方法。什么是以退为进呢？即老师暂时把学生的错误放在一边，而是用欣赏的眼光去发现他身上的闪光点，并以此为契机，引导他最大限度地发挥长处，主动认识自己的短处，促使他不断地完善自我。

当看到小毅嚣张无礼地对待寝室管理员时，王老师虽然也很生气，但并没有当着众人的面批评他，而是默默地把他带出了寝室楼，来到一个僻静的地方与他谈心。王老师先以信任的态度告诉小毅，对于今天的事，老师相信他会实话实说的。这种信任让小毅放弃了辩解，老老实实地讲述了事情的经过。王老师又一点一点地深入问题，让他主动认识到自己犯的错误。最后，王老师语重心长地告诉小毅，要懂得尊重别人，因为只有你尊重别人，别人才会尊重你，以此来帮助小毅戒骄戒躁。

这种心平气和的谈话方式对改变小毅的自负行为起到了很大的作用，他主动向寝室管理员道了歉。王老师又适时地予以表扬，使他慢慢向好的方面转变。

二、因势利导，帮助学生发现"自我"

📚案例

林林是潘老师班里一名非常优秀的学生。她长得很漂亮，有一双会说话的大眼睛，不但能歌善舞，而且学习成绩也名列年级前茅。她在学校是名非常受欢迎的学生，连学校领导都非常喜欢她。

有一名这么优秀的学生，作为班主任的潘老师自然非常高兴，所以一直都很重用她，凡事都让她管。林林也不负老师所望，每件事都做得非常好。但时间长了，潘老师渐渐发现林林越来越自命不凡，和同学之间的矛盾也越来越大了。新学期开学重新成立班委会，潘老师征求她的意见："林林，你觉得由小李担任学习委员怎么样？"

"哎呀，她太笨了！"林林一撇嘴，一副不屑的样子。

"那王某某呢？"

"他太不会说话，人缘不好。"

"刘某某体育不错，让他当体育委员应该没问题吧？"

"他太闹了，整天瞎贫。"

……

谈了半天，对于老师的提议，林林不是摇头就是撇嘴，否定这个看不上那个，意思很明显：全班除了她没人能当班干部了！自负表情暴露无遗。

也许就是因为她这种态度得罪了不少同学，结果在班干部竞选时，林林以10票之差没有竞选上班长。她当时就急哭了，甚至中午以拒绝吃饭来表达对竞选的不满。

林林的表现，让潘老师感到了忧虑：长此以往，林林与同学的关系会越来越疏远，对她将来的人际关系也会造成严重影响。看来要想办法让她在生活中实实在在、心服口服地看到别人的优点，也看到自己的缺点，引导、激励她发现"自我"。

有一次上作文课，作文题目是《假如我是……》，林林写的是《假如我是公主》，文中处处表露出作为一个公主的骄傲；而班中一名平时成绩很一般的学生，写了《假如我是一位母亲》，文章朴实感人。潘老师觉得这是一个机会，于是在讲评课上读了她们俩的作文，并让同学们来评析。

很多学生认为，林林的文章太过骄傲，立意也不切实际，而另一名学生的文章真实感人，更切合实际。听着同学们的评论，林林不服气地撇了撇嘴。

课后，潘老师把林林叫出来，边走边跟她聊天："林林，今天的作文评论你有什么感想？"

"我觉得我写得比她的好。"

"林林，做人不可以太骄傲。其实，同学们的评论都很正确，今天这名同学的文章写得确实比你好。这也没什么稀奇的，虽然她成绩不如你，但每个人都有自己的长处和缺点，一个人再好也不可能十全十美。"潘老师因势利导地说，"比如，上次你班干部落选，不是因为能力不够，而是你太过自负，总认为自己什么都比别人强，把当班干部看成了一种炫耀，而不是为班级服务，所以同学们才会不信任你。只要你改掉这个缺点，谦虚地对待他人，我相信下次你一定会当选的。"

林林听后低下了头，红着脸轻轻地说："老师，我懂了……"

📖 真教育思考

林林成绩好，能力强，备受校领导和教师的宠爱，所以渐渐形成了自负心理。她目中无人、唯我独尊，全班同学没一个能让她放在眼里，以至于大家都不愿意选她当班长。像她这样高傲、自负的学生，往往看不到自己的缺点，也看不到别人的优点，比来比去，感觉自己总比别人强。

对于这类学生，我们首先要寻找机会引导他们意识到自己的缺点，让他们感到自己有改正缺点的必要。对此，潘老师利用作文评析的机会，告诉林林做人不能太骄傲，每个人都有自己的优点和缺点，不可能十全十美。

潘老师一番语重心长的引导，促使林林反省自己的所作所为，进而产生了羞愧难当的感觉。

三、就事论理，理性剖析，让学生正确面对得与失

📖 案例

在徐老师的班里有一个学校"小风云人物"——刘星。刘星的学习很

棒，各科成绩一直稳居年级前3名，特别是数学和物理还拿过省里的奥林匹克竞赛奖；体育也不错，是长跑冠军，学校运动会上常能见到他飒爽的英姿；文艺方面，弹得一手好钢琴；据说还是围棋高手。总之，不管在哪方面，刘星都很出色，不但他的父母逢人就夸他聪明，各科教师也都很喜欢他，见面就夸他"小天才"。

大家的过度夸赞让刘星渐渐飘飘然起来，他常在同学面前自诩"上知天文，下通地理，中间横扫一大片"，乃"当代之凤雏、卧龙也"，整个一副"欲上九霄云外揽月摘星"的模样。

学校一年一度的"故事节"来临了，伴随这一节日而来的是一系列相关活动，其中"自编故事"并结集出一本优秀故事书是最吸引学生的活动。为了让自己的故事能够入选故事集，各班学生踊跃投稿。其中，徐老师的班上有10名同学的故事入选，但刘星的故事落选了。阅读课上，同学们兴高采烈地看着《校园优秀故事集锦》，兴奋地念着入选同学的名字，开心地逗笑着。就在这个时候，刘星夺过同桌手里的书，"啪"的一声扔到了地上。旁边的同学立刻喊了起来。徐老师这才注意到怒目圆睁、满脸通红的刘星。

"刘星，怎么回事？为什么把同桌的书扔了？"徐老师尽量用平静的口气问他。他不吭声，连问了两次都没反应。

"小林，怎么回事？"徐老师转身问他的同桌。

"老师，刘星是生气他写的故事没有入选！"旁边的同学把书捡回来放在刘星面前。

"看看其他同学写的故事，有许多地方值得学习，大家要互相取长补短。"徐老师说。谁知，刘星一把抓过书，使劲地撕开了，喊道："什么破故事，还让我学习！"一副不屑的表情。

看着刘星因气愤而失控的言行，徐老师也有些生气，但他并没有发火，而是尽力让自己平静下来，以平和的口气说道："大家先自己看书。刘星，咱们到办公室谈谈吧！"

来到办公室，徐老师搬了把椅子让刘星坐下，以平和的语气说道："刘星，现在咱们静下心来聊一聊好吗？"

他眼圈微红，默默地点了点头。

"老师知道，你很聪明，也常常得奖，这次作文落选心里很不好受，这些老师都理解。但俗话说得好'胜败乃兵家常事'，偶尔的一两次失误更能让人警醒，知道自己的不足，然后才能更有目标地前进，你说对不对？"徐老师开始有针对性地给他讲道理。

"可是我的故事写得很好啊！如果不好，选不上也就算了，但明明有些同学写的不如我的，为什么他们的能选上，而我的却没选上呢？谁都知道我的作文写得最好，我还获得过青少年作文大赛一等奖呢！评委们的眼光是不是有问题啊？"刘星嚣张的气焰又上来了，一口气说出了自己心中的不满。

"哦，是为这件事闹情绪呀？"

"我就是不服！没选上我的故事就是对我的侮辱！"

"侮辱"一词竟然都"蹦"出来了。徐老师决定直奔主题："你知道这次你的故事为什么会落选吗？"

"当然是评委眼光有问题，要不就是评选过程不公平！"刘星嘟囔着。

"刘星，自己失败了不要总把责任推到别人身上，知道吗？现在咱们分析一下这件事。每次故事评选都有一个标准，评委们都是老师，在这方面的把握上不会有很大偏差的。你的故事文笔确实不错，但可惜的是，立意不高。除了故事情节怪诞离奇得没谱外，还宣扬了暴力，这是不适合学生读的。"

"我这是有想象力！我爸妈平时就常夸我有创新精神。"刘星辩解道。

"不错，写文章确实需要创新精神，但你的'创新'是什么？宣扬暴力吗？你是不是受了暴力动画片的影响啊？"

刘星低着头，不说话了。

徐老师看出刘星的自负心理已有些松动，就乘势继续说道："老师知道你很有创新精神，但我们的创新应该站在正面的角度，宣扬一种好的主题，你说对不对？"

刘星点了点头。"今天你把同学的书扔到地上还把它撕了；对老师大吼，说话蛮横无理。你说你这些是不是有些暴力？"

刘星又不吱声了。

"每一件事情的发生都有一定的道理，我们要学会用客观的态度去正视它，不能意气用事。你的作文写得不错，只要把暴力的那些情节删掉，再提高一下立意,我想把它寄到青少年科普杂志,说不定能发表。"

"真的吗,老师?"听到这里,刘星立刻来了精神,两眼发亮。

"当然,把作文好好修改一下,如果有什么不会的地方,可以来问老师。"

"老师,谢谢您!刚才撕书和丢书是我不对,也不应该向您发火。对不起,老师!"刘星站起来抱歉地说道。

"好了,老师原谅你,但不许有下次喽!你不是常自诩为当代'卧龙'吗?诸葛亮还有'失街亭'的时候,下次再有不如意的事,要先想想诸葛亮,学会正确对待得与失,这样才是一名真正的好学生,才不愧为当代'卧龙'。还有你把人家的书都撕坏了,回去后写一份检讨书,向同学道歉。"

"嗯,我知道了,老师。"刘星挠了挠头,感觉很不好意思。

后来,经过修改,刘星的作文果真发表在了科普杂志上。而在徐老师的多次教育下,刘星过度自负的行为有所收敛,已经学会坦然面对自己的失败了。

📖 真教育思考

一向高傲、自负的刘星,得知自己的故事落选时,当然抑制不住自己的不满情绪。虽然徐老师对他的失控行为也有些生气,但他并没有发火和批评、训斥刘星,而是心平气和地叫刘星到办公室谈谈。徐老师让刘星认识到他写的故事确实存在一些问题,而不是评委眼光有问题。当刘星认识到自己的不足后,徐老师又激励他把故事稍微修改一下,提高文章立意,投到青少年科普杂志。

徐老师的这一建议使刘星再次喜获成功。在徐老师的激励下,刘星不但学会了坦然面对失败,而且不再意气用事了,过激的行为渐渐收敛,自负心理也逐渐消失了。

自卑或许会导致一个人无法走向成功,但自负可以使一个人踏步不前,甚至退步。因此,作为教师,一旦发现学生有自负心理,就要像徐老师一样就事论理,引导学生纠正偏颇的观念,激励他们学会正确对待得与失。

四、改变自负学生的窍门

通过前面几个案例，我们看出，自负学生一般都比较优秀。这种学生独立性比较强，很有思想，教师在教育的时候要利用他们的优势讲道理，设法把师爱落实到点子上。

1. 教育时要就事论理

自负的学生言行都比较偏激，常常自以为是。他们对事情往往有自己的想法，因此比较执拗，不会轻易相信别人的说法，对那些空洞的说教更是不以为然。所以，教师在开导这类学生时，一定要深入问题，寻找问题根源，弄清问题的实质，就事论理，把道理说到点子上，让学生心服口服。这样，教育才能起到应有的作用。

2. 引领学生平衡心态，与人平等相处

当发现学生有自负心理，并表现出一些不良行为时，我们要先改变学生的态度，教育学生摆正心态，不要总以为自己事事都比别人强。让他们以一个普通班级成员的身份与其他同学平等相处，学会接受别人的批评，以改变他们固执己见的心态。

3. 引导学生提高自我认知

我们还要让学生全面认识自我，既要看到自己的优点和长处，也要看到自己的缺点和不足。让他们学会把自己放在整个班级、整个年级，甚至整个社会去衡量，并认识到每个人都有自己的独特之处，都有他人不及的地方，同时又有不如他人的地方。与人比较不能总拿自己的长处去比别人的不足，把别人看得一无是处。要让他们知道，只有努力端正自己的人生态度，提高思想认识，才有可能获得成功。

自负是一种不良的心理反应，对学生的成长有很大影响。我们要积极引导自负的学生端正态度，正视自身的优缺点，虚心向他人学习，尽早帮助他们走向成熟，快乐成长。

第七节　教师如何教育有暴力倾向的学生

近年来，中学校园暴力事件时有发生。由于受环境和教育影响，很多青少年学生判断力比较差。据调查，有个别学生存在暴力倾向，仰慕所谓的"老大"。他们表示，对欺负自己的人应该采取以牙还牙、以暴制暴的办法……这种现象不能不令人担忧。这部分学生严重扰乱了学校的正常秩序，甚至影响到社会治安。很多受害的学生大多慑于有暴力倾向的学生的淫威，忍气吞声，不敢告诉家人和教师。被侵犯的次数多了，他们就会认为活着没有安全感，认为自己窝囊，进而产生一种恐惧、压抑和自卑感。而这些情感都会严重影响学生的心理健康，极易在学生幼小的心灵留下阴影，甚至引起灵魂扭曲。

对于施暴的学生而言，如果他们的恃强凌弱屡屡得逞，就会助长其称王称霸、恣意妄为的恶性心态，更有可能逐步发展到社会作案，滑向犯罪的深渊。这对社会和有暴力倾向的学生自身都是一种潜在危害。这种危害是深层次的、长远的，也是我们最担忧的。

有暴力倾向的学生的粗暴言行，一方面扰乱了正常、健康的学习和生活环境，干扰了正常的教学秩序；另一方面则是他们自己犯罪的前奏、序曲，其发展和延伸是他们以后走向社会违法犯罪的重要因素之一。

因此，这种暴力行为倾向是极具危险性的，虽然暂时可能构不成犯罪，但如果任其发展下去，在特定的条件下，就有可能成为暴力犯罪的重要诱因。对于有暴力倾向的学生，我们绝不能听之任之，而应该想办法尽早消除他们这种不良心理与行为趋势，平和他们的心态，健全他们的人格。

一、给有暴力倾向的学生营造零攻击性的环境

📚 **案例**

晓峰性格外向，自控能力差，经常在课堂上故意制造一些不和谐的音符，爱惹是生非，对待同学态度粗暴，对老师的吩咐爱搭不理。

这天上数学课，可能是感觉课程无聊，他就趴在课桌上睡着了。忽然，前排的一名男生抬胳膊时不小心碰到了他。

被碰醒了的晓峰"噌"地一下就站了起来，吼道："你小子胆子不小，敢打扰我睡觉！"说着，还嫌不解气，挥手捶了那男生两拳。

被打的男生敢怒而不敢言，站在那里小声嘟囔着什么。

这一嘟囔让晓峰认为是对自己的挑衅，就更恼火了，又扬起了手，一拳捶了过去，同时嘴里还骂道："小子，你还不服气啊？不服气再教训教训你！"

数学老师一看，急忙上前阻拦。晓峰竟然连老师都不顾忌，使劲一推，就把老师推到一边去了，接着他就在众目睽睽之下，又趴在桌子上继续睡大觉。

对晓峰这个张口就骂人、抬手就打人的学生，班主任吴老师也是满脑子的疑问：他怎么就有那么多"暴力因子"呢？是什么让他脾气那么暴躁？

经过多方调查，班主任吴老师得知，晓峰的父母常年在外经商，隔三岔五地回来一次。他们的教育观念比较极端：不准孩子在外吃亏，说"打坏别人没关系，只要不被别人打"。他们对晓峰的教育也经常使用暴力，还经常不顾场合地厉声数落晓峰。

在这样一个充满暴力气息的环境中成长，晓峰能没有暴力倾向吗？

为此，吴老师认为除了要帮助晓峰从心理上消除暴力倾向，还应该在晓峰的生活与学习环境上做点什么。

班里的大鹏是晓峰的邻居，也是晓峰的好朋友，但是他与晓峰完全不同。大鹏性格很踏实、温和，可以说没有一点暴力倾向。于是，吴老师就把大鹏调到晓峰身边做同桌，除了让他帮助晓峰学习，还让他帮忙制止晓峰的暴力行为，消除晓峰的暴力隐患。

吴老师深知晓峰产生暴力倾向的主要原因在于家庭环境，就主动找晓峰的父母谈话，分析他们教育方式的对与错，告诉他们哪种方式的教育对晓峰

才是最好的。

通过与吴老师的一番谈话，晓峰的父母不再像以前那样粗暴地对待晓峰了，包括他犯了错误。晓峰在外面打架时，他们也会给予批评，而不像以前那样处处维护。

没有了父母的责骂、深受同桌感染的晓峰，变得越来越轻松、愉快。教室里也很少出现他的大喊大叫声及同学们挨他打后的抱怨与哭泣声了。

📖 真教育思考

近朱者赤，近墨者黑。如果一名学生所处的环境充满了暴力，他就会不由自主地受到感染，成为有暴力倾向、习惯用暴力解决问题的人。如果一名学生生活在宽松、柔和、充满爱的环境中，就会很少想到动用武力，因为他知道解决问题的方法有很多种。

对那些因环境而产生暴力倾向的学生，我们可以给他们营造一个零攻击性的环境，尽量减少他们产生暴力行为的机会。

比如，我们可以像吴老师一样，与学生家长密切配合，一方面，请家长在家里尽量减少自己的粗暴行为，避免用暴力教育孩子，给孩子营造一个没有暴力的生活环境；另一方面，在学校里每天帮助学生确定当天的学习任务和行为目标，并且指定与他相处亲密的模范学生与他做伴，以督促、影响他。

当身边的暴力行为越来越少，甚至没有时，有暴力倾向的学生就会不自觉地变得文雅、随和起来。

二、让"小霸王"的心变得柔软一点

🎓 案例

小强是班上新转过来的一名学生。刚来学校，就因好斗、说粗话成为全校出了名的"小霸王"。在课堂上，他都敢当着老师的面明目张胆地欺负其他同学。如果对方敢顶撞、反驳他，他就挥拳打人，直到打得对方求饶为止。

一次学校集会上，校领导正在给学生进行安全教育。这时，队伍旁边有一名学生无聊地踢小石子玩，小强跑过去就踢了该学生一脚。结果被打学生的班主任刘老师看见了，就走上前批评了小强几句。

小强不服气，说这名学生在集会上不遵守纪律，就应该被踢。接着小强还激动地威胁刘老师说，他要上报校长开除刘老师，因为刘老师不仅不教育自己班上违纪的学生，还阻拦其他同学教育他。

小强隔三岔五的暴力行为，伤透了任课教师的心。他们纷纷向班主任尚老师反映，希望他能想办法管管这个"害群之马"。

其实，对于小强的所作所为，尚老师在小强转过来之前就早有耳闻，只是一时没有想到好的教育方法。

这天，班里的小亮与小熊发生争执，互相扭打着。因为小亮是其邻居，小强就不问青红皂白地冲过去，没头没脑地给了小熊几拳，结果把小熊的鼻子打出了血，门牙也掉了一颗。

幸好此时快上课了，任课教师过来及时拉住了小强，才算制止了争斗，不然还不知道小强要把小熊打成什么样呢！

经过调查，得知小亮和小熊并没有矛盾，只是在疯逗，况且以小亮的身高和体力，即便是真的打架，也绝不会吃亏。可是，小强却仅仅因为小亮是自己的邻居，就"拔刀相助"了。

尚老师知道，如果再这样继续下去，小强肯定会被送到工读学校。自己要赶紧想个办法帮助小强，让他改掉这种动不动就使用暴力的习惯。

第二天自习课上，尚老师把小强和小熊都叫到了办公室。

"小熊，被小强打了之后，疼不疼，有多疼啊？"尚老师没有直接批评小强，而是先关心了一下小熊。

"尚老师，我牙都掉了，鼻子流了那么多血，能不疼吗？昨天晚上疼了一晚上。"小熊沮丧地说，"老师，我的牙掉了，多难看啊！"说着，咧开嘴让尚老师看。

站在一旁的小强自然也看到了。

"小强，你看看，就因为一个误会，你把小熊的牙打掉了，让他变成了现在这个样子。你难道不心疼吗？虽然掉的不是你的牙齿，那你也应该记得你小时候换牙时的疼痛吧？"尚老师说道。

小强站在那里不说话。

"你想想，如果是你的牙被打掉了，疼不疼？或者你小时候因为淘气被父母打的时候疼不疼？"

小强不好意思地说："疼！"

"怎么可能不疼嘛！所以说，为了这么点小事，让同学疼成那样，值得吗？"

"不值得！"小强更不好意思了。

"所以，老师劝你怜惜那些被你打的同学吧！不要动不动就为了点小事用拳头教训他们。"

"老师，我尽量控制自己吧！"

"好的！只要你以后打人前给自己5秒钟，想想自己打了人家他们会有多痛，你就下不去手了，就会换一种方式解决问题。"

果然，从那以后，小强每次冲动地伸出拳头时，就会想起尚老师提醒的话，然后把手缩了回来。他的暴力行为收敛了很多。

📖 真教育思考

同情心可以防止暴力倾向，阻止暴力行为。同情心强的学生通常不会主动打人，而缺乏同情心的学生常常有暴力倾向，比较容易做出攻击性行为。因此，如果我们能想办法让有暴力倾向的学生体会被攻击对象的痛苦或感受，激发他们的同情心，使他们进行自我谴责，那么，他们就不会总想着攻击他人了。

案例中的小强是一个典型的不懂得顾及他人感受的"暴力"学生。不懂得顾及他人的感受，自然就不会管自己的拳头有多硬，能把同学打成什么样了。这样一来，他也就不知道自己为什么要停止暴力了。

如果小强感受不到小熊的门牙被打掉的疼痛的话，他就会继续为鸡毛蒜皮的小事动用武力，就可能会出现危害更为严重的暴力事件。

我们可以让有暴力倾向的学生，听听被攻击的学生或者曾经被他人攻击过的学生具体地描述一下自己在被攻击后身体和精神上的痛苦。然后，引导有暴力倾向的学生谈谈他们的体会和感受，借此激发他们的同情心，从而使他们逐渐放弃暴力行为，甚至厌恶暴力。

此外，我们可以找来曾经有过暴力倾向而现在已彻底转变的学生，让他们讲讲去除暴力倾向前后的内心变化，让有暴力倾向学生的内心产生共鸣，进而使他们感到暴力的可耻与可怕。

当"小霸王"们的心变得越来越柔软时，他们就不忍心扬起自己的拳头了。

三、用爱打开"暴力"的枷锁

案例

在陈老师班里，有名男生叫小威。他对待同学粗鲁、霸道，经常命令其他同学为他做事。如果哪些同学不听从他的命令或者做得不够好，小威就会拳脚相加。

通过家访，陈老师了解到，小威自幼丧母，爸爸常年在外打工，很少过问小威的事情。小威虽然平时有爷爷奶奶照顾，但是因为缺少父母关爱，缺少与父母交流沟通而变得易怒、暴躁。

种种迹象表明，小威是名缺少爱的学生。陈老师想，既然如此，我就应该把他缺少的补偿给他，那样他就不会总是发脾气、打人了。

之后，陈老师开始在学习和生活上越来越多地关心小威了。一旦小威有什么困难或者需要，他都及时伸出援助之手。

比如，小威是足球迷，球踢得好，但是因为踢球时总是打人犯规，哪支球队都不要他。陈老师就和体育老师、球队的同学商量，让小威参加球队，并且保证小威不再打人。此外，陈老师还请求体育老师与外校学生联系，组织了一场球赛，以满足小威踢球的愿望。

又如，有时小威因天气不好中午不能回家吃饭，陈老师不是主动为他买来饭菜请他吃，就是请他去外面吃。

通过这些方法，陈老师让小威感受到了老师对他的关爱，渐渐地减少了他的敌对情绪。

此外，当小威再与其他学生发生冲突或者打其他同学时，陈老师不像别的老师那样，一味地批评小威，而是一分为二地给小威分析。这样，不仅让小威认识到了错误，还让他意识到老师叫他不要打人，是为了他好。

慢慢地，小威不再像以前那样爱发脾气乱打人了，而是知道了在动手之前，要思考一下自己的想法是不是有问题，要想一想这种解决问题的方式是不是最好的。

📖 真教育思考

　　一些学生有暴力倾向，是因为他们在生活中缺少家人和教师的关心，或者家长就是通过暴力来表达对他们的爱。而学生呢，他们确实需要来自家人和教师的真爱，而不是那种惩罚性的爱。

　　对因缺乏爱而引发暴力倾向的学生，我们除了利用班会、道德课对学生进行法治、公德等常规道德教育外，更需要与他们进行一对一的谈话，用爱搭建师生间的心灵之桥。

　　特级教师李镇西说过："'心中有爱'应当是教师人格的制高点。只有登上这一制高点，教师才能做到'以爱育爱'。"

　　对有暴力倾向的学生，我们首先要学会关爱、尊重、真诚地对待他们，坚持做到不歧视、不当众揭短、不粗暴训斥、不嘲讽、不变相体罚。这样才能打破他们的心理防线，让他们体会到教师的真爱，从而渐渐地打开自己的心锁，感激、尊敬教师，把教师当成知心朋友。

　　转化学生的暴力倾向不是一个简单的过程，其间学生会进行反复的思想斗争。因此，在关爱和尊重这类学生时，我们还要容忍他们的小错误，应该多挤出一些时间，多与学生交流，促进他们自省。

四、消除有暴力倾向的学生暴力行为的策略

　　要想消除有暴力倾向学生心中的"暴力因子"，仅靠批评、惩罚是不行的，尽管这两种教育方式确实在一定程度上能让学生收敛不少。

　　让有暴力倾向的学生完全抑制住自己的暴力冲动，要靠教师的教育，让他们认识到不采用暴力也能达到自己的目的。

1. 认识矫正法

　　认识矫正法，就是通过给学生讲明暴力倾向的危害性，以及如果不及早消除极有可能演化为暴力犯罪，触犯刑律，从而让学生自动消除暴力倾向的方法。

　　为此，我们可以通过教育，使学生真正认识到什么是真、善、美，什么是勇敢、正义。同时，还要让学生认识到欺侮他人并不是自己有能耐的体

现，暴力并不能解决一切问题，反而可能引发更大的问题。

当学生意识到暴力倾向带来的不利影响时，就会有意识地收敛、控制自己的暴力言行。

2. 示范法

所谓的示范法，就是通过学生或者老师的示范，打消有暴力倾向的学生的攻击心理与行为。

当这些学生看到采取非攻击的方式也能妥善解决冲突后，就会不由自主地与自己的所作所为进行比照，自觉反思自己的言行。这有利于纠正他们对暴力的认识。

我们可以把有暴力倾向的学生有意识地放在一个团结友爱、文明礼貌的集体中，让他观察其他学生是如何采用正当而温和的方式解决发生在自己身上的冲突的。这样，他们就有了可以照搬的方法、模仿的样板了。

此外，我们可以让有暴力倾向的学生多观察一下其他有暴力倾向的同学是如何受到批评和处罚的，这可以产生以儆效尤的作用，震慑他们用暴力解决冲突与不满的心理。

但是，在采用示范法期间，我们要注意防止有暴力倾向的学生与同样有暴力倾向的学生接触，以减少他们学习攻击性行为与语言的机会。此外，教师们还要注意发自内心地去关心有暴力倾向的学生，启发他们思考，观察他们的行为变化，及时鼓励他们的进步。这样，有暴力倾向的学生才能一点点地远离暴力。

3. 冷处理法

有些学生的暴力倾向只是表现在偶尔的打架斗殴和说脏话、狠话上。这样的学生，多是为了自我显示，以吸引老师和同学的注意。其实，像这种有暴力倾向的学生身上，还是有不少优点的，他们也会经常有好的表现。

当这样的学生表现出暴力倾向时，我们可以暂时不加理会，使他们的暴力引不起他人的注意，这样反而会使其暴力倾向弱化。同时，教师可以去表扬他们有积极意义的行为。这种做法实际上是间接批评他们的暴力倾向。

之后，我们再选择适当的时机，找这类学生谈话，婉转地指出他们这样做的幼稚性与不正确性。同时告诉他们，他们的暴力倾向与其良好的本质是不相称的，从而启发他们，帮他们自觉打消暴力心理。

第二章

落实"真"教育的

智慧策略

第一节　教师批评学生要讲究策略

如果说赞扬是抚慰人类心灵的一缕暖阳，那么批评就是人类灵魂赖以借鉴的一面镜子，能让人更加真实地认识自己。但人类天性趋赏避罚，所谓忠言逆耳，恰当地批评一个人要比表扬一个人困难得多，因此，批评更要讲究技巧和艺术。

教师批评学生的目的只有一个：帮助学生改正错误，使其不断进步。只有充分理解了这一目的的单纯性，教师在批评学生时才能控制好自己的情绪，避免粗口、脾气暴躁。

只有努力提高自身的修养，对学生充满爱心，用发展和期待的眼光看待学生，才能避免过激的言语，做到尊重学生人格，不轻易打击学生自尊。如果批评时也能时刻想到"环保效应"，让每一名学生都生活在"绿意盎然"的环境中，必定能促使每一名学生茁壮成长。

案例

唐老师刚进入杏坛时，心里既快乐又紧张。他的脑海里不时地显现出一张张学生的笑脸，还有他们认真听讲的表情，大声读书的神态，回答问题的自信，快乐玩耍的身影……

当然，唐老师是充满了信心和热情地走上讲台的。他对每一名学生都很友好，对学生微笑，用很柔和的声音和他们说话，还常常利用课外活动时间给他们读文章，讲故事，和他们谈天说地……

但是，唐老师明显地感觉到——学生们好像并不太领他的情。

在课堂上，他们的纪律特别不好，总是乱糟糟的，安静不下来，有大声的争吵，有刁难的问题，有不怀好意的笑声……尤其是一名叫小枫的学生，总是带头说话、离开座位、扔东西、和同学吵架，毫无顾忌，甚至唐老师讲完了某一疑点后，他竟然恶作剧地举手说听不懂。唐老师问他哪儿听不懂，他说都听不懂。

放学后，唐老师留下小枫，想给他补课。可他竟然头也不回，抬脚就走了。

这一切，让唐老师极其烦躁。他缺乏教学经验，搞不懂学生为什么会如此不理解自己。他带的那个班很快就成了学校最出名的差班，学生们的成绩十分糟糕。家长和任课教师的意见都很大，校长为此找他谈了好几次话。

唐老师的满腔热情几乎被浇了个透心凉，但他没有放弃，决定放手一搏。于是，他查资料找对策，向有经验的教师请教……不久，一个"擒贼先擒王"的计划在脑海中逐渐清晰起来。

教师节后的第一天，唐老师刚回到办公室，就有科任教师向他抱怨说："我实在没法管小枫了，他居然在课堂上动手打同学。你作为班主任，赶紧管一管吧！"

唐老师一听，心里不免一喜，实施自己计划的时机来了。但他脸上并没有表露出来，而是安慰了科任教师几句，并保证自己一定会管好他。科任教师听唐老师这么说，也不再说什么，嘟嘟着坐在了自己的位子上。

放学后，唐老师把小枫留在了办公室。师生两人沉默了好久，谁也没有开口说话。唐老师只是盯着小枫看，眼睛一眨也不眨。而小枫呢，刚开始还是一副无所谓的样子，后来却被老师盯得心里直发毛。

最终，小枫受不了了，他主动开口说："今天打人，是我不对！"说完这句话后，他低着头，等着老师的"批斗"。

然而，让小枫想不到的是，唐老师居然微笑着说："小枫，我发现你有一大优点。"

小枫疑惑地抬起头，看着唐老师，满脸不安。

"你知道我为什么叫你来办公室吗？"唐老师接着问。

小枫低声说："因为打架……"

"不对！"唐老师接过小枫的话说，"是因为你的那个大优点，你知道你自己的那个大优点吗？"

小枫摇了摇头。他已经彻底被老师的话搞蒙了，原以为挨一顿训后就能回家，但是现在他内心七上八下的，不知道唐老师葫芦里卖的什么药。

唐老师拉过一把椅子，示意小枫坐下。小枫小心翼翼地坐了下来。这时，一句更让小枫震惊的话从唐老师的嘴里徐徐地吐了出来："我想让你当班长。"

小枫有点儿不相信自己的耳朵，哆哆嗦嗦地从椅子上站起来，再也不敢靠近椅子一步。唐老师微笑着拉他坐下，继续说："因为老师觉得你很有领导才能，在同学中也很有威信，可以说是一呼百应。这就是老师说的你最大的优点！怎么样，愿意当这个班长吗？"

这时，小枫的眼圈已经红了，他哽咽着说："从来没有老师这样对待过我，我犯了错不批评我，还让我当班长。我从一年级的时候就梦想着自己能当上班长，可是我始终学不好，也就彻底放弃了。"

唐老师摸了摸小枫的头，说："老师知道你上课捣蛋都是故意的，你是想引起大家对你的关注，对不对？"

小枫已经彻底抑制不住自己了，"哇哇"地哭出了声。唐老师继续说道："老师知道你会成为一个称职的班长，也相信你能把学习搞好。明天来上学，你就先跟被你打的那名同学和科任老师道个歉，好吗？"

小枫使劲地点了点头。

从此以后，小枫像变了个人一样。学习开始积极努力，课堂纪律更是带头做出表率，将班长干得非常称职。

几年之后唐老师也成了一位经验丰富的教师，并被评为优秀教师。

📖 真教育思考

教师也是人，也有七情六欲、喜怒哀乐，但教师更是一个神圣特殊的职业，这个职业有它独特的要求。在其位谋其职，既然选择了这个职业，教师就应该时刻牢记自己教书育人的职责。即使在学生做了错事时，教师也要控制好自己的情绪，不要让愤怒冲昏自己的头脑，做出缺乏理智的行为。

教师在批评学生时，不要直截了当地进行当面批评，而应该先平和自己的心态，了解事情真相后，充分肯定和表扬，使受批评者自我反省，进而认识和改正过错。这一现象在批评心理学中被称为"反弹琵琶"，可以达到不伤害学生自尊心的"环保效应"。

唐老师采用的就是"反弹琵琶"式批评的经典范例。他通过让小枫当班长，使批评达到了最佳的效果，很值得我们教师参考。然而，要使"反弹琵琶"发挥其效用，个人的情绪管理起至关重要的作用。如果没有一个平和的心态，不能把"反弹琵琶"式批评看作使学生口服、心服的一种方法，也不会起到积极的作用。

那么，"反弹琵琶"式批评为什么会有如此好的效果呢？

1."反弹琵琶"式批评会引起受批评者的心理反差

在一般人的常识中，犯了错误就应该接受批评。有些脾气暴躁的教师甚至会对犯了错误的学生加以惩罚。如果教师不能很好地控制自己的情绪，任何学生犯了错误都会做出相同的处理——马上给予严厉的批评指责，那么学生就会产生一种交易心理，即"犯错误—接受批评"。这种一对一相扯平的交易心态，起不到任何知错改错的作用。而"反弹琵琶"式的批评，让犯错的学生首先得到的是教师的肯定与表扬，他们内心就会进行自我反省——犯了错误老师还表扬我，我是不是真的做得有点过了呢？我也是有很多优点的，以后不能再犯这样的错了，不然太对不起自己的这些优点了……学生在这样的反省中，就会主动下决心改正错误。

2."反弹琵琶"式的批评具有极强的感化作用

学生在犯了错误之后，心理都会比较脆弱，一面战战兢兢地等待老师的批评，一面又会产生自责、自卑的消极情绪。而"反弹琵琶"式的批评就会使犯了错的学生感觉到，老师并没有瞧不起自己、讨厌自己，甚至惩罚自己，反而肯定了自己的优点，鼓励了自己，赏识自己。这样，他们的心灵就会被感化，从而认识到自己的过错，决心痛改前非。

"反弹琵琶"式的批评如果运用得当，对于学生的知错认错能起到很好的作用，但这种批评方式的使用需要教师具有很高的批评技巧，不恰当地使用会使批评的效果大打折扣，甚至适得其反。

因此，要想运用好"反弹琵琶"式的批评，首先就要善于发现学生身上的闪光点，尤其要从学生的错误行为中发掘出值得表扬之处，哪怕是极其平常的细节也要积极利用。

有一名上课老开小差的学生，喜欢在课堂上摆弄小塑料棍。这天被数学老师逮了个正着，老师没收了他的小塑料棍并严厉地批评了他一番，随后又把他交给了班主任。班主任就对全班同学说："过去某某同学摆弄小塑料棍是为了好玩，但今天摆弄小塑料棍是为了更形象地再现几何图形，这是一个进步。如果针对每门课程，他都能用某种介质在课堂上形象地再现出来，而不仅仅是摆弄小塑料棍，他一定能在学习上取得很大的进步，成为一名好学生。"班主任的话使他十分激动，赶紧承认了自己的错误，并决心改正。自此之后，他果然不在课堂上摆弄小塑料棍了，而是在课余时间动手制作，接下来不仅在学习上取得了很大进步，而且多次获得了省市级的小发明奖。

教育是心心相印的活动，唯独从心里发出来，才能达到心灵深处。因此，使用"反弹琵琶"式批评的教师的态度一定要真诚。学生们都需要丰富情感的体验，需要强烈的情感共鸣。教师只有时刻注意自己的情绪，时刻注意学生的情绪反应，批评时才能多些对学生真诚的爱，少些挖苦和嘲讽。

第二节　教师与学生沟通要保持人格平等

沟通是为了一个既定的目标，把信息、思想和情感在个人或群体间传递，并且达成协议的过程。它有三大要素，即：一要有一个明确的目标；二要达成共同的协议；三要沟通信息、思想和情感。

案例

刚成为教师不久的邹老师"公平意识"并不很强，以为一位教师的威信远胜于学生，只有让学生在课堂上害怕，自己说的话成为绝对的权威，不容学生有任何的疑义，才能很好地维持课堂秩序，才算是一个成功的教育者。然而，一件意想不到的事完全改变了邹老师这一想法，并且影响了他以后的教学生涯。

那时，邹老师是四（5）班的班主任。这个班的学生性格都比较内向，上课不怎么活跃，但都很听话，学习习惯也都还可以，布置的学习任务基本上都能按要求完成，不怎么让他操心。邹老师觉得自己也很有威信，说一不二。当时，他还兼着毕业班的数学教学任务，因此平时对毕业班的照顾就多了一些，而有些忽略了四（5）班的学生，与他们的交流也就少了很多，可以说都不太了解他们。

就在邹老师觉得自己得心应手、很放心的时候，却出了一件让他很意外的事。那是期中考试之后，四（5）班的班长跑来找他，说班上有很多男生对他很反感。听了这话，邹老师有些始料不及，一时间竟有些蒙了。不过，他还是很快平静了下来，问班长是什么原因。班长告诉他，因为他布置的作业太多，而且一旦作业出了错，他总是动不动就让那些男生去办公室，这让他们觉得很没面子。因为办公室里的老师很多，老看见他们被叫进去，就觉得他们经常犯错似的，而且在班会课上他还经常点名批评他们，这让他们在其他同学面前抬不起头来，时间久了，对老师的做法也就渐渐产生了抵触情绪，进而产生了反感。

邹老师对班长说："我叫他们到办公室改正作业是出于好意啊，并没有为难他们的意思，而且这样做的效果也会比较好。"班长说自己也觉得没什么，但那些男生的想法可能与女生不同。邹老师一时也想不出解决的办法，只好让班长先回去了。

班长走了之后，邹老师的心情久久不能平静，这是对他一直信心满满的教学方法的一次严峻考验。他左思右想，是否自己有些"家长制"的做法让学生疏远了自己，以致不能让学生理解自己的做法呢？还是平时缺乏沟通，使自己忽略了学生们的真实想法呢？自己也是从学生时代过来的，教师权威不容侵犯的思想根深蒂固，难道要打破这一"传统"才能更好地进行教育事业？

邹老师有些头痛，准备把那几名男生叫到办公室，了解一下他们的具体想法。可转念一想，他们现在最反感的就是进办公室，不如像朋友一样把他们约到学校的花坛边，好好做一次长谈。想到这里，邹老师叫来班长，让她约那几名男生，并告诉班长，就说老师放学后在花坛边等他们，想跟他们像朋友一样好好聊聊。

放学后，邹老师早早地来到学校的花坛边，怀着忐忑的心情等待着。等远远地看见那几名男生走出教室的门，他热情地招呼道："嗨，小伙子们！我在这儿呢。"

那几名男生看着老师今天不一样的举动，先是一愣，随后都露出了一脸灿烂的笑容，不由得齐声喊道："老师！"

"来，来！大家来这里坐。"邹老师指了指花坛边的台阶。

等那几名男生坐好后，邹老师接着主动道歉："对不起你们啊！原先老师的教育方法伤了你们的自尊，是老师的不对！"

"没……没什么……"几名男生都有些不知所措，一脸茫然地看着老师，不知道该说什么。

邹老师乘机说："我比你们几个都高，我坐中间好不好？"

"好！"

邹老师在几名男生中间坐了下来，并左右各搭着一名男生的肩，微笑着说："我现在放下老师这一身份，你们可以叫我老邹，也可以直接叫我的名字，我们好好聊聊你们在学习生活上的一些事，也可以给我老邹提提意见，让我更好地当好你们的老师，好吗？"

起先男生们还有点拘谨，但毕竟孩子的天性无法长久地掩饰，在邹老师一再的鼓励下，他们像朋友一样顺利地谈开了，甚至说到了某名男生的小毛病，还不时传出欢快的笑声。邹老师抓住时机，立即转移到他想要解决的问题上，问道："你们说说看，老师怎样辅导你们的作业比较好？"

这时男生们就不假思索、七嘴八舌地说开了，有的说可以晚自习时在教室里辅导他们，有的说像今天一样在花坛边给他们"开小灶"……最后，邹老师综合了男生们的意见决定用教室和花坛相结合的方式给他们辅导作业。

从那以后，邹老师改变了以前的作风，在学生面前再也不以"老师"的身份自居，俨然成了学生们的亲密朋友。为了与学生沟通的需要，他有时还会以写信的方式与学生建立沟通的渠道。由于彼此了解，邹老师在教育上总能针对每名学生的特点，做出辅导，思想教育工作也好做了很多。

在随后的教学生涯中，邹老师牢记师生间平等沟通的重要性，蹲下身子和学生做朋友，取得了可喜的教育成绩，连年被评为市优秀教师、骨干教师。

📖 真教育思考

一次成功的交流沟通，与其说在于沟通的内容，不如说在于沟通的方式。准确地给学生传达出要沟通的内容，对于一位教师来说并不困难，困难的是教师的传达能不能被学生接受，这就涉及一个方式方法的问题。其中，教师与学生沟通时的身份能否让学生感觉到平等，是沟通成功的关键。

美国教育家季洛特说："教师的工作不仅仅是知识的传授，更重要的是处理好复杂的人际关系。"教师必须要重视与学生的关系，要能走进每名学生的内心。也就是说，教师不能单调地、一成不变地、照本宣科地灌输知识，而要重视与学生之间的有效沟通，这样才能调动学生的积极性，使教学成为教师和学生合作互动的有效过程。要使有效沟通既贯穿整个教学过程，又使之成为全方位、多角度、多功能的交流过程，教师就必须要有"公平意识"。只有建立在平等原则之上的沟通，学生才会向你敞开心扉，将自己真实的想法说出来。

邹老师说："案例中发生的事情，在日常教学中，其实是一件很平凡的小事，往往会被很多人忽略。但对于我，却始终难以忘怀。我觉得良好、和谐、民主的师生关系对于教学工作的开展是极其重要的。那次的事，如果不是班长及时告知，我可能还会一直蒙在鼓里，一直自我感觉良好下去，也就不会意识到在学生面前保持高高在上的形象，其实是教育的大忌！"

中国古代讲究"师道尊严"，甚至有"一日为师，终身为父"的说法。这些原本都只是出于对教师的尊重，但久而久之转化成了一种畸形的师生观，认为教师在学生面前必须是高高在上的，师生之间也就成了一种命令与服从的关系。

有时候，教师和学生的关系搞得很紧张，有些教师还大惑不解，认为自己真心实意地为了学生，怎么会出现相反的结果？其实，问题还是出在教师身上。刻板、乏味、重复的说教模式，剥夺了学生思考和理解的时间，也让学生失去了表达自己意见的机会。平等的有效沟通一旦缺失，时间一长，学生的逆反心理就会越来越强烈，并可能在心理上形成"不满—反抗—麻木"的过程，最终导致教师不知道学生在想什么，学生不知道教师在说什么的严重后果。

案例中的那几名男生正是出于对邹老师的不满，才表现出了对邹老师的反感情绪。如果邹老师当时的处理方法不是积极去与他们做一次平等的交流，而是将那几名男生叫到办公室质问一番，想必对解决问题不但没有任何好处，还很有可能使师生间的关系急剧恶化，并由此导致那几名学生的学习成绩一落千丈，他们甚至可能成为问题少年。

传道、授业、解惑来不得半点马虎，教师的一时疏忽，很有可能导致学生产生心理障碍。时至今日，建立平等、民主的师生关系已被绝大多数教师接受，但还是有一小部分教师不能摆脱错误的师生观的影响。他们表现出的专制、霸道、控制和命令阻断了与学生的有效沟通。

虽然教师在学识、经验和阅历上比学生要高出很多，但在人格上，师生双方应该是平等的。因此，只有在互相尊重的前提下，才有可能进行良好的沟通。有些教师认为尊重学生和"好脾气"只会让学生越发粗野而无法管教，只有拿出强硬作风，才能"镇压"住那些顽皮的学生，要像案例中邹老师一开始的想法一样。在强硬手段下，学生暂时被压住了，但他们并没有真正地被教育；相反，在他们心底会滋生出各种不良的情绪——不满、逆反、厌恶、轻蔑……事实证明，教师想要教会学生民主、文明，唯有以民主、文明的方式进行教育才会收到预期的良好效果。

第三节　与学生交谈要讲究语言技巧

　　语言是师生之间交流运用最多的工具。用词简洁、语意明确、表达清楚，是作为一位教师必须具备的最基本的语言素质。然而，有些语言存在一定的伤害性，特别是面对普遍存在较强自尊心的学生时，如果对自己的语言不加注意，不规避一些容易引起学生反感情绪的话语，就很容易伤害到学生，从而形成误会或冲突。

　　大海中航行的船只，最惧怕的是暗礁，一旦有所碰触，就有可能酿成船毁人亡的惨剧。师生间日常交流的话语也一样，一些"超出学生现有理解能力""超越学生认知和语意了解程度""挖苦、讽刺、指桑骂槐"的语言，就好比语言大海中的暗礁，学生一旦"触礁翻船"，教师再想补救就有可能为时已晚。所以，只有时刻注意绕过这些语言的"暗礁"，才能保证师生双方获得并了解来自对方的信息，使教育得以顺畅、有效进行。

案例

　　实验学校的章老师是一位具有多年教学经验的老教师，连年被评为先进。她的教学成绩有目共睹，校领导及学生家长对她都非常赞赏。然而，一次她批评学生时的一句口头禅却让她差点儿悔恨终生。

　　那是新学年开学的第一天，章老师像以往一样怀着兴奋与期待走在去教室的路上。教室虽然还是那个教室，但今天里面的学生是从低年级升上来的一批新生，自己将成为这些新生的班主任，这样的期待与憧憬让章老师的脚步变得无比轻快。

　　第一堂语文课上得还算顺利。从彼此介绍姓名开始，到第一课课文的讲解结束，师生的配合始终在轻松愉快的氛围中进行着。唯一让章老师有些不满意的地方是，一名叫嘉镭的小男生，在下课铃声响起的一瞬间，却调皮地将语文书高高抛起，呼喊着："下课喽！下课喽！"落下来的语文书还很不巧地砸在了同桌头上，同桌哭了起来。

正在收拾讲义的章老师很愤怒，立即喝止了嘉镭同学的举动。进行了一番严厉的批评之后，章老师最后狠狠地说了一句："你再这么闹，明天就别来上课了！"

第二天，当她走进教室的时候，一群学生却围了上来，纷纷说："老师，老师，嘉镭今天没来上课……"对于学生的"告状"章老师早已习以为常，但"没来上课"还是让章老师不得不有所重视。她布置了班上的学生朗读课文之后，便匆匆走出教室给嘉镭的妈妈拨了个电话。

可嘉镭的妈妈说，早上已经把嘉镭送去了学校，而且看着他走进校门的。这个答复，让章老师生出了几分担忧。嘉镭能到哪里去呢？再说外面还下着绵绵细雨，万一孩子着凉感冒了怎么办？

章老师立即动员学校没有课的教师一起帮忙寻找嘉镭，"嘉镭……嘉镭……"的呼喊声，响彻了学校的每一个角落，但始终没有发现嘉镭同学的影子。最后，教师们不得不将搜索范围扩展到了校外。

走在最前面的方老师突然喊道："快看！那个是不是你们班的嘉镭啊？"

都快哭出声来的章老师立即冲到前面。在街对面的商店门口，那个背着书包，站在细雨中瑟瑟发抖的孩子，不是嘉镭还会是谁？

章老师发了疯一般奔了过去，一把抱住嘉镭，眼泪哗哗地落了下来："嘉镭，你怎么在这里站着呢？你知不知道老师多担心你啊？你冷不冷啊？快点跟老师回去……"章老师拉起嘉镭的手就想往学校走，可她发现嘉镭就是站着不动。

"你怎么啦？我们快点回教室去，大家都很担心你……"

这时，嘉镭却"哇哇"地哭了起来，边哭边说："我知道扔书本是我不对，还砸疼了同桌……可我就是管不住自己，我怕我会犯同样的错误。以前，我也经常被老师批评……昨天你说我再闹，今天就不让我来上课了，所以今天妈妈送我到校门口后，我自己又出来了，我怕今天上语文课的时候被你从教室里赶出来……"

天啊！嘉镭的话犹如一个晴天霹雳，让章老师不免有些眩晕。自己从教多年，批评学生时的一句"你再这么闹，明天就别来上课了"几乎成了自己的口头禅，但从未遇到过像嘉镭一样把这句话当真的学生。也许正是因为从未重视这样的细节，使自己多年来一直忽视了这句话对学生造成的伤害。

面对焦虑的家长和哭泣的嘉镭，章老师心中充满了悔恨和愧疚。她深深地反思了这次事件带来的震撼，深刻认识到了教师的一些习惯性脱口而出的语言，可能会成为"杀手"式的语言信息——不但阻碍了师生间的沟通渠道，还很有可能导致师生间的误会和冲突。

这次事件之后，章老师彻底改变了自己的语言习惯，还经常在教师之间的经验交流中以此为例，提醒一些年轻的教师在与学生交流时要时刻注意自己的说话方式，避免伤害到学生幼小的心灵。

📖 真教育思考

语言的"暗礁"往往是在不经意间产生的。每个人的语言中都会有自己特有的语气、口头禅等，教师也不例外。如果在与学生对话的时候，不注意自己的语气，不去设身处地想一想自己的语言是否能伤害到学生，那么你自认为一句简单的话，就有可能使学生产生反感情绪，甚至导致学生幼小的帆船触礁沉没。

案例中章老师的那句话在现实教育中可以说是普遍存在的，甚至有的家长自己也会说出类似"你再不好好学，就别上学了"这样的话语。对于经常受此类话语"熏陶"的学生来说，这或许并没有什么。但对于初次听到这种语言，特别是从一位还很陌生的教师口中说出这样的一句话，有的学生就会信以为真，从而使这些学生产生焦虑、害怕等情绪，最后做出逃避的选择。

章老师深有感触地说："教师的语言艺术是一个极其复杂而浩大的心理工程，如果平时不加以注意，随时提高自己的语言能力、心理认知能力及观察能力，一不小心就有可能伤害到学生的自尊，甚至造成不可挽回的严重后果。"

我们假设一下，如果因教师的一句话而"出逃"的学生有点什么闪失，或做出一些伤害自己的事情（这样的事例屡见不鲜），那么作为教师该如何向家长和社会交代？

必须提醒教师们注意的是，教师使用语言艺术的目的是尽可能地降低对学生的伤害，使学生更容易接受教师的建议或意见，使师生沟通更有效。因此，无论是幽默、诙谐，还是反语、暗示，都必须谨记师生沟通的原则，绝不让以上这些语言变质为对学生的挖苦、讽刺，甚至贬低其人格。

中学生的自尊心普遍较强，情绪波动大，感情脆弱，心理发育不成熟。即使他们做错了事，也不应在言语上伤害他们的自尊。因此，作为教师，特别是兼有教学和辅导学生心理、生理疑难的班主任教师，更应该在充分了解自己所带班级每名学生的特点的基础上，适时地使用合适的语言，尽量绕开"暗礁"，给学生以乐于接受的语言环境。

教师的语言艺术确实是一个复杂而浩大的心理工程，相同的一句话有可能极大地提高某一学生的学习积极性，也有可能浇灭某一学生的学习热情；可能提高课堂的整体学习氛围，也有可能打击整个班级的学习热情。这些都需要教师在实践中加以摸索，结合每一名学生的性格特征，加以灵活运用。

要想避免因说话引起学生的反感，教师们应多注意一些说话细节，在和学生沟通时，多用"心"，再开口。

第四节 教师应学会与学生做朋友

唐代大文学家韩愈在《师说》中说："师者，所以传道受业解惑也。"

韩愈十分明确地指出了一位教师的职责——教给学生做人的道理，传授他们知识，解答他们的疑问。在全面推行素质教育的今天，"教书育人"也是这个意思，时间并没有改变教师职责的实质。

在讲求民主、自由的历史推动下，如今的师生关系发生了根本变化。新型的师生关系应该是一种平等、和谐的朋友关系，教师不仅要做优秀生的知心朋友，更要做后进生的知心朋友。封建时代遗留下来的"师道尊严"——那种过时的"猫鼠"游戏，必将尘封在历史中，被教师们摒弃。

案例

张老师刚接手六（5）班的时候，好几位热心的老师对她说：

"张老师，六（5）班的学生可难管了，有好几个调皮鬼，你可要留心啊！"

"张老师，那个叫小灿的学生最会闹，你可要对他严厉点，不然镇不住他！"

"张老师，你接了这个班，以后有你受的了。"

……

一开始，张老师还有些半信半疑，但第一节课就验证了这几位老师所言非虚。

第一天的语文课，铃声一响，张老师已走进教室，几名男生还在教室的一角你推我拽地嬉闹，直到他们注意到了讲台上的张老师，才慢悠悠地走回自己的座位；另一边，几名女生头挨头地不知道在说着什么悄悄话，张老师盯着她们看了好久，她们也没有停下来的意思；最后一排的几名男生，嘴里嘟嘟囔囔地不知道说着什么，背靠着后面的墙，脚搭在凳子上，坐没坐相，连书本也没从课桌里拿出来……张老师强压住怒火，紧绷着脸足足沉默了两三分钟，课堂才算安静下来。

开始上课了，张老师声情并茂的讲解吸引了所有学生的注意力，学生们都全神贯注，认真思考，很多学生还积极举手发言。但好景不长，没过十分钟，那个叫小灿的学生首先坐不住了，拿纸团扔着玩。有几名男生在他的带动下，也开起了小差，还随便插嘴。张老师只有停下来瞪着他们，等他们稍稍老实点了，才继续课文的讲解。

张老师为了让以小灿为首的几名男生遵守课堂纪律，停下来好几次，为了保持严肃与威严，脸一直紧绷着，一节课上下来很累。张老师心想：一定要先抓好班级纪律。纪律是保证，这个抓不好，这课还怎么上啊？！

下课铃一响，张老师马上回到办公室，向其他老师讨教对策。有的说，你应该严厉地批评那几名男生。特别是小灿，你要先镇住他，对他更凶一点，让他怕你，其他几个就会老实了。有的说，他们毕竟年纪还小，你多吓吓他们，可千万别给他们笑脸，不然他们可要爬到你头上来了……张老师心想：也对。这也是她以前做班主任时的一贯作风，就照他们说的办吧。

一开始，"猫鼠"游戏的效果还真不错，学生们看到张老师绷得紧紧的脸，上课果然纪律好了很多，随便插嘴的人也少了。小灿更是被张老师批评得很厉害，连在教室外见到张老师都要绕道走。

课堂纪律虽然有了保障，但学生们的学习成绩没有多大起色。学生们很少向张老师请教问题，更别说是学习之外的事情了。时间一长，这令张老师十分苦恼，不了解自己的学生，就不知道他们的需求，这样也不可能带好班级啊！

看来一贯地保持"师道尊严"也并非良策，应该寻求另外的解决办法。在哪里跌倒就要在哪里爬起来，张老师决定从学生那里找原因。

有了新想法后，张老师课间就经常有意在教室里多留一会儿，问问学生平常都喜欢做什么，最喜欢上什么课，对自己的印象如何；中午张老师还天天和学生一起吃饭，问他们喜欢吃什么菜，家里谁烧的菜最好吃；班会课上，张老师还让每名学生都做自我介绍，把自己的优点和缺点说给大家听；

活动课上，张老师还和学生一起玩游戏，有时候比学生玩得还疯……在与学生共同生活的几天里，张老师发现学生们是那么朴实、善良和纯洁，同时了解到学生是那么渴望得到老师的理解，愿意与老师聊天、谈心。当然，张老师也越来越愿意跟学生们在一起，倾听他们的心里话，做他们的知心人，自己也感觉好像年轻了许多。于是，张老师与学生正式开始了朋友式的相处。

自从与学生们成为朋友，学生的学习积极性有了明显提高。特别是小灿，是最活跃的一个，他上课回答问题特别积极。虽然他现在不再捣乱了，但或许是很久养成的习惯，对课堂纪律毫无意识。他回答问题从不举手，想说什么就说什么，还时不时地与意见不同的学生发生争执，严重影响了课堂秩序。

于是，课后张老师以朋友的身份找他谈话，抓住他积极发言的闪光点，进行了表扬，然后告诉他："动脑想问题是对的，但要举手，不能想说就说，必须经过老师的同意才能说。如果大家都这样，你一言我一语，那老师谁的也听不清了。你很聪明，有些问题一听就明白，这固然是你的长处，但不能打扰别的同学听课，你说对吗？"

小灿点了点头，答应以后上课按要求做，保证不再违反纪律。但保持了没两天，小灿又开始"旧病"复发了。张老师非常理解他的这一行为，毕竟已经形成的习惯很难改正。但张老师也没有听之任之，决定再找他好好谈一次。

一天放学后，张老师将小灿约在了小溪边。望着潺潺的溪水，张老师拍了拍小灿的肩膀，问道："你想不想当生活委员？"原来小灿早就盼望能做一名班干部了。小灿有些不敢相信自己的耳朵，盯着张老师，嘴张合了一下却发不出一点声音。张老师抓住时机，立即与他来了一个君子协定："只要你注意课堂纪律，老师就让你当生活委员。"

这回听清了，小灿的双眼闪着金光，一脸兴奋地问："老师，是真的吗？"

"只要你在课堂纪律上成为同学们的表率，得到他们的认可，老师说话算话！"张老师趁热打铁。

在随后的一学期里，小灿在纪律上有了明显的进步，后来生活委员也当得非常称职，期末还被评为班级的优秀班干部。

小灿不仅在学习上有了明显的进步，受到了老师和同学们的一致好评，而且为其他同学做出了榜样，使班级纪律有了一个质的飞跃，多次获得学校的嘉奖。张老师自己也获得了市优秀教师等多项荣誉，成为家长、学校和学生都值得信赖的一名好老师。

📖 真教育思考

通过对小灿的教育，张老师更加深刻地体会到了学生性格中的封闭性和开放性。他们的心扉总是对大多数人关闭，只对少数挚友开放。他们都渴求真诚的友谊，这就要求教师在与学生交往的过程中，要用真诚与理解去温暖学生的心，要努力去做学生信赖的挚友。这样，学生才会对你敞开心扉。

学习生活中谁都难免出错，一时的错误并不能判定一个人的未来，特别是可塑性极强的学生。由于他们的天性使然，淘气与贪玩是在所难免的。如果教师强加剥夺，必然会引起学生反感，影响他们的学习情绪。

教师也会因为一时糊涂做出一些错误的判断，这不要紧。犯错并不可怕，可怕的是犯错了还不承认，死抱着"师道尊严"不放，以至于伤了学生的心。一句"对不起，我错怪你了！"确实难以启齿，但只要教师时刻记住教育的目的，便会轻松放下自己的架子。简单的一句话，挽救的恐怕不仅仅是已被歪曲了的事实，更是一名学生一辈子的信仰。

张老师就做得非常好：她能认识到自己的错误，及时改变自己的教育策略，适时认识到"解除警戒"的重要性，与学生建立一种朋友式的师生关系，从而解决了诸多教育难题。张老师不仅用自己的真诚保护了学生的自尊心，也彰显了教师"为人师表"的形象，增加了她在学生心中的分量。

"学高为师，身正为范"这句话有两层含义，明确了成为"良师"应具备的两个必要条件：①良师要有渊博的知识；②良师要"为人师表"。

俗话说："给学生一杯水，自身要做长流水。"一位知识渊博、涉猎广泛的教师，不仅能更好地培养和提高学生的综合能力与创新能力，提高课程的生动性、趣味性，更能赢得学生的信赖，得到学生的尊敬。这是成为学生益友的必要条件。

亲其师，才能信其道。教师应该时刻注意加强自身的师德修养，身体力行、言传身教，用自己高尚的操守去感染和影响每一名学生。只有获得学生的充分信任，加强与学生的心灵沟通，努力消除师生隔阂，才能成为学生无话不说的益友；只有让学生真切感受到教师在关心、爱护他们，他们才乐于说出自己的心里话，和教师无话不谈。

教师要放下"师道尊严"，微笑着面对学生。这要求教师首先应该是一个有感情的人，而不仅是一架教书的机器。如果学生像老鼠见到猫一样惧怕教师，必然会妨碍教育教学的顺利进行。多一些微笑，对学生多几句鼓励的话语，多主动与学生沟通，课堂上必然会出现积极举手、各抒己见的场面，而学生课下也会主动与教师打交道，出现其乐融融的场面。

教师关爱学生，是教师基本的责任。不奢求回报地去爱学生，才能成为学生的"铁哥们儿"，学生才能向教师敞开心扉，教师才能走进学生的心灵。课上教师的一个眼神，一个手势，甚至一个微笑都能让学生感觉到教师在与他们交流，教师的授课才会变得得心应手，游刃有余。

作为教师，保持乐观开朗、情绪稳定非常重要。只有这样，才会使学生敢于接近你，乐于接近你。十分严格之水，再掺上九分感情之蜜，即使有时对学生出现的错误批评得过火一点，学生也会心甘情愿地接受，并乐于改正。师生关系如此，还有什么比这更惬意的呢？

第五节　给学生一块"垫脚石"

金无足赤，人无完人。任何人都避免不了错误和失误的发生，谁都有可能陷入尴尬的境地，更别说心智尚在成长中的学生了。因此，在学生出现错误时，给他一块"垫脚石"，让他摆脱窘境，消除畏难情绪，是为人师长应遵循的教育原则之一。

虽然宽容并不意味着一味地忍让，但学会最大限度地宽容，就能避免许多尴尬。给学生一个台阶，不仅能赢得学生的友谊，得到他们的信任，还能显示出一位教师良好的修养与坦荡的胸襟。

📖案例

余老师是一位善于营造"台阶效应"，将学生团结在自己周围的好老师。

早上8点钟左右，余老师像往常一样来到学校，刚跨入教室的门，班长就大声地向他报告："杨根的化学同步练习册不见了！"所有的同学立即扭头盯着杨根，并叽叽喳喳地小声议论开了——

"是不是忘家里啦……"

"再好好找找嘛……"

"没完成作业，故意的吧……"

……

同步练习册不见了，以前也有发生过，有些是忘在家里了，有些是因为没有完成作业故意为之。余老师没有理会同学们的议论，慢慢走到杨根同学面前，说："再好好找找看，是不是忘在家里了？今天课堂上要讲解练习册的。"

杨根已经急得额头冒汗了，一脸无辜地说："我翻遍了课桌和书包都没找到。记得昨天我是在教室里做完作业才回家的，没把练习册带回去。我给家里打了电话，没有。"

余老师把他的书包拿出来翻了翻，没有发现。这时名叫小栋的同学走过来，悄悄地对余老师说："我知道他的练习册在哪里。"余老师着急地说："在哪儿啊？快说嘛！"

小栋拉了拉余老师的衣角，轻轻地说："到教室外面我告诉你，好吗？"

余老师跟着小栋走出了教室。看看四周没人，小栋很肯定地说："杨根的练习册被忠文拿走了！昨天放学后我看见忠文在翻杨根的课桌，看他从课桌里拿了本书放到自己的书包里就走了。"

怎么可能？余老师有些不相信自己的耳朵。忠文可是他的化学课代表，学习成绩一直不错，还兼任着小组长，可以说是自己的得力助手。"不可能，不可能……"余老师摇着头说。

"我就知道老师肯定不会相信，但我确实看见了！你可以去搜他的书包，肯定在他的书包里。他上次跟我说杨根弄坏了他的一支钢笔没赔给他，这次肯定是想报复杨根。"

余老师看小栋说的那么坚决，心里也开始有些犯嘀咕，就说："这样吧，我们再帮他找找看。"

余老师走到讲台上，让学生们停下了手中的事，然后说："哪位同学看见过杨根的化学同步练习册？或者是不小心收到了自己书包里……"

余老师话音未落，全班已经炸开了锅——

"我没有……"

"我也没有……"

"我没看到……"

"我也没看到……"

突然一个声音高叫道："肯定是被人偷了！"于是一群人高声附和："搜书包，每个人的书包都要搜！"这时有几名心急的学生，为了示清白，已经叫同桌帮忙搜自己的书包了。余老师用眼睛瞄了一下忠文，发现他一脸通红，恨不得把自己的头埋到课桌里面去。余老师立即明白了七八分。可是，该怎么办呢？叫忠文直接拿出来，其他学生肯定会说他是小偷，让他抬不起头来；如果现在叫停，学生们又已经开始搜书包了。课后小栋要是跟其他学生说起自己的发现，那学生们又该怎么议论忠文和我的做法呢？

看着乱成了一锅粥的课堂，余老师突然灵机一动，高声说道："同学们！先停一下，可能是小组长们为了订正同学们的作业，把杨根的练习册收了去，忘还了。现在其他同学都不要搜了，请各组的小组长看看自己的书包，有没有杨根同学的练习册。"

余老师的话音刚落，忠文就举起了手："老师，杨根的练习册在我这儿，我昨天放学后收回来帮他订正了，忘还给他了。"说着他拿出练习册还给了杨根。

余老师趁机说："同学们，以后不要动不动就说东西被人偷了这样的话，要想一想是不是同学借走了，一时忘了还，或者被小组长、课代表收去订正了。当然，小组长或课代表以后收了其他同学的本子，最好跟主人说一声，免得别人以为本子不见了，到处找。"

后来，余老师私下问了忠文关于钢笔的事。忠文说杨根已经将弄坏的钢笔赔给他了。余老师就对忠文说，要相信自己的同学，弄坏了你的东西同学总会赔给你的。最后，忠文很不好意思地说："老师，我错了，谢谢您给我解了围，我绝不会再犯同样的错误了。"

📖 真教育思考

"台阶"是一个人心灵的影子。它指向自己，体现的是生命的智慧；它指向别人，则表现出一种高尚和无私。

乐意给人"台阶"，能让对方下来台，不单单是个技巧问题。如果没有宽容人的雅度，凡事爱挑剔，见别人落入尴尬便幸灾乐祸，就不可能成为一个圆场高手。当然，没有圆场的机智，也不可能创造很好的"台阶效应"，让人感觉到的只可能是力不从心。

人总是爱面子的，冷面无情会像一把刀子，伤害学生的尊严，刺痛他们幼小的心灵。给学生一个"台阶"，实际上就是在呵护他们的尊严，让他们感觉到教师的宽容和善良；给学生一个"台阶"，可以使他们产生一种前所未有的改变自我的动力，这种动力是讽刺、挖苦、辱骂永远无法比拟的。

案例中的余老师如果不用他的机智化解忠文的尴尬，那么，将会出现怎样的场面呢？忠文同学顷刻间便会成为同学们的公敌，恐怕再也无法取得班上任何一名同学的信任与尊重。他将会变成一名处处受到排挤的学生，玩的时候没人乐意和他一起玩。他学习成绩再好，也不会有哪名同学乐意向他请教问题，因为没人愿意跟一个有如此劣迹的同学说话。他就会像被感染严重传染病的人一样，众人避之都唯恐不及，怎么可能还会与之亲近？

忠文同学虽然出发点不对，但他及时发现了自己的错误。就在他犹如热锅上的蚂蚁不知道该如何跳出来的时候，余老师凭借自己多年来的教学经验，为他搭了一块"垫脚石"，这样使"蚂蚁"不但保全了自己的"性命"，更为重要的是还保全了他在同学面前的尊严。

也许有人会说，像忠文这样的学生绝对不能轻饶，不然谁知道他下次能干出什么更恶劣的事情来。"人之初，性本善"，更何况他还是一名十几岁的学生，做事情不考虑后果，只是凭一时之气，突发奇想，就去做了。当班上的同学都在相互检查书包来以示自己清白的时候，他已经明显意识到事态发展的严重性。但是，他明知道自己是真的做错了，可又不知道该如何纠正自己的错误，因为此时的他已经无路可走了。还好，余老师凭借自己的教学经验和长期与忠文同学的相处了解，断定他并非有意为之，于是决定给他一个改过的机会。当然，忠文也很珍惜这个机会，余老师的话音刚落，他就站起来说，练习册在他那里。这就充分说明他的本质并不坏，并且也很机智，这样的一名学生我们难道不应该给他一个改过的机会吗？

巴尔扎克有这样一个故事：一天深夜，某"梁上君子"潜入巴尔扎克的住所，拉动抽屉摸了半天，也没有发现一分钱。巴尔扎克在隔壁的卧室里听到了，便说："兄弟，别找了，白天我找了半天也没有找到一法郎，现在这么黑了，你更找不到了。"于是小偷只好惭愧地离去了。

对待小偷，巴尔扎克尚且能如此给面子，教师对待自己的学生自然更不用说了。很多时候，学生犯错误的动机并没有我们想象的那么恶劣，一个善意的"台阶"就可以将他们从悬崖边拉回来。

时刻在你的课堂中营造出"台阶效应"吧！一个善解人意的"台阶"就等于一粒真诚的种子，而所有的种子都一定会用一片苍翠来回报大地。

当着全班同学的面被老师批评，想必是最让被批评的学生不能接受的。这不仅会大大伤害学生的自尊，而且起不到任何批评教育的效果。如果教师此时能"放他一马"，并给学生找个台阶下，化解尴尬的局面，同时不忘提出暗示或事后进行批评教育，必定会起到不一样的效果。

比如，学生把学校的木制大三角尺弄折了，有学生把这事报告给了班主任，并且全班同学都等着教师来处理这件事。班主任来到教室后，当着大家的面却说："那个三角尺已经用了好多年了，本来就有一道小小的裂缝，只是你们没有注意到，某某同学才会不小心把它弄断了。老师也正想换个新的，已经买来了，在我家里，明天就带过来。"

事后，这名学生主动找到班主任，不仅承认了自己的错误，还让家长买了一把新的三角尺，并对班主任更加尊敬，从一个淘气包变成了品学兼优的好学生。这种以退为进的方法，既是对学生人格的尊重，也让学生明白了教师对他的爱，对他的期望。

适时地给学生一块"垫脚石"不仅可以避免矛盾升级，也会为后面妥善解决矛盾留下思考的时间和空间。给学生一个"台阶"，在保护学生自尊的同时，也必将点燃学生良知的火花。

暗示、说理、感化是营造"台阶效应"的有效手段，可以激发学生进行自我教育。批评与惩戒往往是很多教师教育学生的常用手段，虽然他们的出发点都是为学生好，希望能够"立竿见影"，但是，这些做法也往往会给学生造成心理阴影，影响其情绪。

如：学生作业没按时交就罚写几遍，甚至几十遍；课堂上学生做小动作，随便讲话就点名批评或罚站；成绩差被视为脑子笨、"弱智"等。这些都有可能给学生造成心理阴影，甚至导致学生厌学或逃学。

如果一位善于营造"台阶效应"的教师遇到类似的情况，他或许就能给不按时交作业的学生减少作业量；对课堂上做小动作的学生多加暗示，让他专心听课的同时，多给他发言的机会；后进生的点滴进步都会被他看在眼里，及时地给予表扬、鼓励。这样，就会让学生在宽容中找到自己的不足，从而产生学习兴趣和集体荣誉感。

对弱势群体的关注，也是考验一位教师能否在必要时给予这样的学生一个"台阶"的关键。只有充分了解自己学生的需要，才能及时拿出有效的"垫脚石"为弱势学生圆场。

弱势学生或多或少都会因在社会、家庭、学校中得不到应有的尊重而自卑等。作为教师，只有了解这些学生犯错的"病根"，才能从他们犯错的心理环境入手，解剖其犯错的心理过程，从而为他们提供一个良好的学习环境，消除他们的畏难情绪。

"予人玫瑰，手有余香。"给学生一块"垫脚石"，教师也会得到事半功倍的收获。

第六节　尊重学生才是真正地爱学生

"教育从尊重开始。"这简简单单的一句话凝结着多少教育先贤的智慧！

大凡能够赢得学生的尊敬和爱戴，且在教育工作中有所建树的教师，在他们的教育工作中绝对不会缺少"尊重"二字。他们尊重教育事业，尊重自己，更加尊重学生；他们时刻遵循着尊重的原则，绝不让"宰割""驱使""奴役""愚弄"等字眼来玷污"教师"这一神圣的职业。

案例

小晨是一名自尊心极强的男生。他的班主任沈老师有一段时间总觉得他在漠视她，并时不时地向她表现出挑衅的意思。

在那段时间里，小晨经常不带书，不认真听沈老师讲课，还故意惹她生气，作业也不好好做，有时候甚至一字未动就交了上去。针对这一情况，沈老师会责令他认真听课，并批评他没有好好做作业。小晨却始终一副无所畏惧的样子，斜着眼睛爱搭不理地瞟着沈老师，像是在说："我就不做，你能把我怎么样？"这反倒让沈老师下不来台。

有时候沈老师让学生叫小晨去办公室，他都不去，甚至还放出一些"狠话"。随着时间的推移，情况愈演愈烈，小晨居然公然在沈老师上课的时候搞恶作剧，这让沈老师实在忍无可忍，课后将他强行带到了办公室。

小晨虽然一副满不在乎的样子，但还是流露出了警惕的神情。他以为沈老师会对他大发雷霆，然而沈老师却为他搬来了凳子，让他坐下，但他坚决不坐，在争执中他的态度明显有了一些改变。

沈老师对他说："你不想坐就不坐吧。老师想真诚地给你道个歉。如果我无意间伤害了你，请你原谅老师的过失，好吗？"

听了沈老师的话，小晨愧疚地低下了头，眼泪不断地往下流，断断续续地告诉了沈老师事情的起因。原来，在一次小晨与同学发生摩擦的时候，沈老师不问情由地责备了他，并说了句把他赶出教室这样的话，深深地伤了他的自尊。

沈老师知道了自己无意间的过失差点儿毁了一名学生，不由得感到很内疚。她跟小晨聊了很久，最后送他回了家。她不仅进一步地了解了小晨，也了解了他的家庭。最后他们约定，当小晨以后有过失时，沈老师只要稍加提示他就要主动改过。如不改，她可以责备他，但他不许生气。

有了这个约定之后，小晨彻底改变了。在以后的日子里，沈老师还因为小晨的进步，多次当着其他学生的面表扬了他。这使小晨的学习劲头更大了，经常预习，并在课后与沈老师共同讨论问题。

📖 真教育思考

尊重意味着平等、民主、宽容、理解、帮助和支持。尊重学生不仅意味着对学生的爱与期待，还意味着合理、有效的管理。尊重学生是对"以人为本"理念的积极回应。尊重绝不等同于放纵、无原则的迁就，否则就是在尊重幌子下对生命、职业责任的漠视。

上面案例中沈老师的真诚道歉真是物超所值，换来的不仅是小晨的理解和尊重，更重要的是激发了小晨的学习积极性。

尊重是相互的，教师在尊重学生的同时，也会换来学生对老师的尊重。师生关系和谐，是实施和谐教育的前提。俗话说"亲其师，信其道"。尊重是教育的前提，这是一个人人皆知的教育原理。

案例中，沈老师如果不知道尊重的重要性，她也就不会在办公室对小晨进行真诚道歉。如果没有这一真诚道歉，小晨也就不会对沈老师敞开心扉。如果是那样，沈老师也就永远不会知道自己到底哪里"得罪"了小晨，他们之间也就不会有后来的彼此理解与和谐共处。

尊重是维系情感的基础。从沈老师与小晨后来发展的情形可以看出，师生情感本身就是一种巨大的教育力量。作为教师，只有在自己的日常教育活动中与学生平等相处，尊重学生的自主意识和人格，并以自己高尚的道德情操、优良的个性品质、"润物细无声"的方式影响和感染学生，才能开发出学生自身的潜能，使学生身心健康成长。

教育自尊重始，只说明尊重是进行有效教育的前提。但教育的根本目的在于教会学生做人，而做人的最根本的素质就是尊重。尊重是一切素质的综合和具体体现。可以说，它是一切教育的核心和支柱，一切素质的根基和动力。

保护学生的尊严，尊重学生的学习个性，小心翼翼地保护他们稚嫩的心灵不被伤害，这些都是对的，但尊重不等于让学生随心所欲。在学习过程中，特别是在课堂上，教师完全有责任要求学生做什么和不做什么。只要合理，没有特殊情况，学生都应该服从。

如果什么事都由着学生，课堂秩序怎么建立？尊重应该是相互的，教师应该尊重学生，学生也应该尊重教师。"师道尊严"要不得，"生道尊严"同样要不得。学生需要尊重，但学生也需要学会尊重教师。

学生是社会的未来。一个缺失了尊重的社会将是一个多么可怕的社会啊！

沈老师说："唯有进行尊重的教育，才能教出尊重他人的学生。只有学会了尊重，才有可能去尊重父母、家庭、教师、学校、单位、集体、社会和国家。只有这样，我们的素质教育才能真正实现，我们的学生，甚至国民的素质才能真正提高，我们的社会才能真正进步！"

尊重学生首先要尊重学生的天性。由于各种原因，每名学生都有其独特的天性，教师应该了解每名学生的天性，接纳每名学生的独特天性，并根据每名学生的特点，因材施教。

尊重不同于爱。爱的含义包括喜欢、欣赏，提供保护和帮助。爱意味着无条件地给予、施舍，甚至为爱的对象做出自我牺牲。而尊重，首先要把学生看作和教师一样的人，看作一个自由、独立、完整，有其独特的天性、人格和尊严的人。尊重意味着接纳、平等、理解和宽容。

尊重学生，就要给学生提供更宽松的学习环境，更多的自由发展空间；尊重学生，就要顺其自然，要接纳学生对自己行为的选择，要重视学生做出的独立判断。因此，尊重学生，有助于学生独立性的养成，克服对别人的依赖性，有助于学生发挥个人的内在潜力。

尊重、平等既是自主学习的条件，也是实现"助人自助"的前提。这对那些在过去生活中因某一阶段未受到必要的关注，未得到应有尊重而出现心理、行为失调的学生尤其重要。因而，尊重学生是培养学生自主性，对学生进行心理健康教育的基本原则。

尊重在各方面表现都很优秀或基本保持中等的学生并不难，难的是尊重在某些方面表现差的学生。不具备善良、同情心和责任感的教师是很难做到对所有学生一视同仁的。但尊重不等于放任自流，听之任之，而是指导学生向着社会期望的方向发展，调动其天性中的积极方面，遏制其消极方面，使学生生活得更快乐，使其生命更有价值，这是教师不可推卸的职责。

近年来，我国教育界大力倡导尊重教育，强调教师要以平等的姿态和学生对话，要尊重学生，给学生营造一个宽松和谐的学习成长氛围。但对于犯了错误的学生，该怎么办？尊重教育不能走向极端，该惩戒时还是要惩戒的。

惩戒不同于体罚或变相体罚。惩戒指对学生某种思想行为给予否定性评价。惩戒能够让学生体验羞愧、痛苦、焦虑、畏惧和悔恨等感觉，从而使学生分清是非、善恶和美丑，并通过努力去纠正不良的行为习惯。

惩罚是手段，教育才是目的。英国科学家麦克劳德上小学的时候，曾偷偷地杀死了校长家的狗。但麦克劳德遇到了一位高明的校长，他受到的惩戒是：画出两张解剖图——狗的血液循环图和骨结构图。正是这个包含尊重和宽容的惩戒，使麦克劳德从小就爱上了生物学，并最终因发现胰岛素在治疗糖尿病中的作用而走上了诺贝尔奖的领奖台。

合理的惩戒制度有利于帮助学生形成坚强的性格，能培养学生抵抗诱惑和战胜诱惑的能力。如果明知是学生错了，还在尊重的名义下迁就他们的错误行为，那就大错特错了。这不是真的尊重学生，而是渎职和犯罪。

作为新时代的教师，应该把学生成长看得重一些，把个人成绩看得轻一些。由于一些学校把学生学习成绩与教师能力联系起来，因而很多教师非常注重提高学生的学习成绩，而忽略了学生的人格素质教育。

把学生的成长放在第一位，就要处处从有利于学生成长的方面思考问题。首先要想到是否有利于学生身心健康成长，会不会对学生的思想、心理、品德、性格、学习带来负面影响；在学生身心成长和学习成绩二者面前，宁可一时出不了成绩，也要对学生身心成长负责。绝不能为了出成绩而弄虚作假，为了高分数而实施高压政策，为了一时之利而拔苗助长。

从心理学和教育学角度看，教育的根本目的就是促进学生人格全面、和谐的发展。对学生进行情感、态度、价值观教育是当前教育改革的重要内容，而"尊重"教育是所有这些教育目的的基础。只有尊重学生，才能真正实现素质教育的目标。

第三章

"真"教育以爱之名义：读懂学生

第一节　问题一——学习习惯不佳

典型案例

（1）张小海，长得虎头虎脑，是教师、家长公认的"调皮大王"。他的成绩一直很差，经常考试不及格，甚至语文、数学考试每次都在30分左右。他上课坐不了几分钟就动桌凳、摇头晃脑，甚至有时还把桌子弄翻；经常撩周围的同学，影响其他同学上课；注意力不集中，东张西望；课余时间爱搞"恶作剧"，欺负其他同学；书写很不认真；在家任性、冲动，稍有不如意就大喊大叫，甚至大骂父母。回家后鞋子也是到处乱丢，书包到处乱扔，自己房间摆设凌乱，要找作业本或者什么东西总要花上很长一段时间。他是独生子，再加上他父亲常年忙于生意，根本没时间管他。他母亲在一家超市工作，非常辛苦，每天回到家里已是疲惫不堪，有时孩子不听话，也就听之任之，无能为力。

（2）卢小兵是一名从来不爱做家庭作业、学习习惯很差的学生。以前他妈妈总是跟着他一起学以督促他。慢慢地，随着年龄增大，他开始不听妈妈安排了，要求自己学，家长守着反而不动一字。就这样，每天看看书，至于结果怎么样他是不管的，家长问了也是白问。上课遵守纪律方面还可以，就是不听课，课后也不做作业，课文也不背……越学越差，做题时，题不读完就下笔做。孩子本质挺好，就是不学习，习惯差，缺乏责任感。

教学策略

（一）学生应该具有怎样的学习习惯

习惯是经过反复练习而形成的较为稳定的行为特征。学习习惯指学生为达到好的学习效果而形成的一种学习上的自动倾向性。著名教育家叶圣陶先生说："什么是教育？简单一句话，教育就是要培养良好的习惯。"那么，中学生必须养成哪些良好的学习习惯呢？

1. 阅读自学的习惯

自学是获取知识的主要途径。就学习过程而言，教师只是引路人，学生才是学习的真正主体，学习中的大量问题，主要靠自己去解决。阅读是自学的一种主要形式。阅读教科书，可以独立领会知识，把握概念的本质内涵，分析知识的前后联系，从而通过反复推敲，形成能力。

2. 总结归纳的习惯

每章每节的知识是分散、孤立的，要想形成知识体系，课后必须做小结，对所学知识进行概括，抓住应掌握的重点和关键，对比理解易混淆的概念。每学习一个专题，都要把分散在各章中的知识点连成线、合成面、结成网，使学到的知识系统化、规律化、结构化，这样运用起来才能联想畅通，思维活跃。

3. 观察思考的习惯

对客观事物的观察，是获取知识最基本的途径，也是认识客观事物的基本环节，因此，观察被称为学习的"门户"和打开智慧的"天窗"。每一名学生都应当学会观察，逐步养成观察意识，学会恰当的观察方法，养成良好的观察习惯，培养敏锐的观察能力。要做到观察和思考有机结合，通过大脑进行信息加工，总结得出事物的一般规律和特征。

4. 切磋琢磨的习惯

《学记》上讲"独学而无友，则孤陋而寡闻"。同学之间的学习交流和思想交流是十分重要的，遇到问题要相互帮助，互相学习，展开讨论。每个人都必须努力汲取别人的优点，弥补自己的不足，像蜜蜂似的，不断汲取群芳精华，经过反复加工，酿造知识精华。

5. 练后反思的习惯

在读书和学习过程中，尤其是复习备考过程中，每个人都应进行强度较大的练习，但做完题目并非大功告成，重要的是将知识引申、扩展、深化，因此，反思是解题之后的重要环节。一般来说，习题做完之后，要从五个层次反思：

（1）怎样做出来的？思考解题采用的方法。

（2）为什么这样做？思考解题依据的原理。

（3）为什么想到这种方法？思考解题的思路。

（4）有无其他方法？哪种方法更好？思考多种解题途径，培养求异思维。

（5）能否变通一下而变成另一道习题？思考一题多变，促使思维发散。

当然，如果出现错解，更应进行反思：错解根源是什么？解答同类试题应注意哪些事项？如何避免常犯错误？思考解题应当"吃一堑，长一智"，不断完善自己。

应当培养的优良习惯还有许多，诸如有疑必问的习惯、有错必改的习惯、动手实验的习惯、课前预习的习惯、使用工具书的习惯、不动笔墨不读书的习惯和上课认真听讲的习惯等，总之，成长中的学生，一定要培养好习惯，克服坏习惯，这在人的成长过程中起着至关重要的作用。

（二）如何培养学生的学习习惯

"习惯是教育力量的基础，是教育活动的杠杆。"良好的学习习惯对学生的学习与成长具有非常重要的作用。学生只有养成良好的学习习惯，才能有效地提高学习效率，减轻学习负担。

1. 按计划学习的习惯

学生的主要任务是学习，同时还有劳动、文娱活动、体育活动、游戏、交往等。家长指导孩子制订计划，应该包括德、智、体各方面的安排，学习只是其中的重要部分。孩子的计划包括每天的时间安排、考试复习安排和双休日、寒暑假安排。计划要简明，体现什么时间干什么，达到什么要求。每天的计划安排，星期一至星期五除了上课之外，要把晚自习和放学回家以后的时间安排好。晚自习可以安排背诵、记基础知识、复习等，放学回家主要是复习、做作业和预习，还应该有玩的时间和劳动的时间。周六和周日应安排小结性复习、做作业、劳动、文体活动及参加课外兴趣活动。所有计划不可排得太满，否则影响效果。寒暑假时间较长，除了完成假期作业之外，还要安排较多的课外阅读和较多的文体活动。有的学生学习吃力，应利用假期补习一两门功课。

制订计划要发挥学生积极性，家长不能代替，应该提出指导性意见。家长应督促孩子严格执行计划，不能订完计划而不去执行。计划可以调整，但不可放弃。

2. 专时专用、讲求效率的习惯

不少学生，学习"磨"得很，看书、做作业，心不在焉，时间耗得很长，效率不高。其原因就是没有形成专时专用、讲求效率的习惯。学生的学习，应该速度、质量并重，在一定时间内，按要求完成一定数量的任务。这既要讲清道理，更需要认真训练。

由于学生年龄不同、个性不一，每次能够集中精力的时间长短也不一样。家长要从实际出发提出要求。比如，小学的学生，开始每次学习时间以20分钟左右为宜，以后逐渐延长。开始，学生往往不会掌握时间，家长要指导他，该学时学，该玩时玩。家长可以教孩子定好闹钟，按定好的时间作息。最重要的是，家长要教孩子给自己提出学习内容的数量和质量要求，一旦坐到书桌前，就进入适度紧张的学习状态。每次学习之后，要评价自己做得如何。如果学生按要求完成了学习任务，家长要及时给予鼓励。长期坚持下去，学生就能形成专时专用的习惯。

有些家长，只要求学习，恨不得让学生总坐在书桌前看书、做作业，没有休息与放松的时间。这样，反而容易使学生形成磨磨蹭蹭、不讲效率的毛病。

3. 独立钻研、务求甚解的习惯

学习，最忌讳一知半解、浅尝辄止。要想学习好，必须养成独立钻研、务求甚解的习惯。怎样培养这方面的习惯呢？

方法之一：鼓励孩子刨根问底的积极性。在日常生活中，孩子对许多事总爱刨根问底，这是好奇、求知的表现，说明孩子爱动脑。家长切记不可嫌孩子嘴贫，冷漠对待。家长最好跟孩子一块儿刨根问底，能解决的自己解决，不能解决的请教他人或者通过查阅资料解决。

方法之二：指导孩子在学习过程中，多问自己几个"为什么"。由于学习任务多，孩子往往满足于知识是什么就过去了，很少多问几个"为什么"。家长不妨教给孩子每天学习之后，给自己提几个"为什么"的问题，动脑筋去思考，想出合理的答案。

方法之三：孩子考家长，家长考孩子。安排一个时间，全家人坐下来，就某一方面的问题孩子和家长互相考一考。内容应事先定好，大家有所准备，谁提出问题，自己必须有准确答案。

方法之四：鼓励孩子一题多解。教师留的作业，常常不止一种答案，一种解法。孩子在完成作业时，只写一种。家长可以引导孩子想一想，还有没有别的答案，别的方法。时间允许的话，可以写在另外的纸上或本子上。

4. 查阅工具书和资料的习惯

工具书和资料是不会说话的老师，在学习中，会使用工具书和资料的好处有很多。除了一般的字典、词典之外，各门学科都有专门的工具书。家长要指导孩子多利用工具书。家长应给孩子做榜样，遇到生字、生词，请教不会说话的老师。家长还可以与孩子进行查字典、词典比赛。有条件的家庭，可以带孩子一起去选购几本工具书（包括资料性的）放在书架上，经常查阅。买学科工具书，应听听任课教师的意见。这方面的习惯养成了，孩子会终身受益。

5. 善于请教的习惯

善于请教是一种好习惯。善于请教的前提是善于思考和善于提出问题。家长要指导孩子随时把学习中遇到的问题记录下来，以便向老师请教，向同学请教。向别人提出的问题，应该是自己通过努力没有解决的。提问要讲究质量，翻开书本就能解决的问题，最好自己解决。有些疑难问题，如果自己有尝试性答案，带着答案去请教，会收获更大。学问、学问，既要学，又要问。有的孩子上课不敢问，下课也不敢问。对这样的孩子，要鼓励他突破第一次，几次之后，就敢提问了。

播种思想，收获行动；播种行动，收获习惯。先要让学生对学习有正确的认识，然后将学生的学习加以规范化，慢慢地，学生才会养成良好的习惯。培养学习习惯不是一朝一夕之功，要利用多种形式进行培养，久久为功。

第二节　问题二——注意力去哪儿了

典型案例

芳芳自从上了高一，学习总是原地踏步，徘徊不前。不管是上课还是课后学习，她都是一副心不在焉的样子。其实，她头脑还是比较灵活的，只是自己不知道该怎样端正学习态度，怎样一心一意地去学习。班主任王老师经过一段时间的观察，发现芳芳上课时注意力集中的时间很短，经常东张西望，做小动作。曾经有好几次，老师叫她站起来回答问题，她竟然连老师提了什么问题都不知道。有的时候看上去她好像在听，可是她目光呆滞，心早就不在课堂上了，老师讲的内容她根本就没有听进去。

有几次，王老师正讲着重要题目，她却做着与上课无关的事情，有时竟然在座位上睡起觉来。课后，王老师问她在课堂上为什么这么做时，她说："不知道，反正我听着听着就不知不觉地这么做了。"

芳芳的父母是非常关心她的学习的。他们也好几次来到学校与王老师交流。他们说："我们很担忧她的学习状况。不知为什么她写作业很慢，别人一个小时就能完成的作业，她却要三个小时。她读书、写作业时也总是分心，但是，她看电视时很专注。"

教学策略

（一）学习三心二意的学生的主要表现及原因

研究表明，学习成绩优秀的学生与学习成绩比较差的学生之间最明显的差别之一就是注意力的集中情况。学习成绩优秀的学生，能够集中注意力听教师讲课，也能够很好地去独立思考问题，认真完成作业。他们能够自我约束，也能够有意识地组织注意力，不让思维开小差。而那些学习成绩较差的学生就恰恰相反，他们不能全神贯注地听教师讲课，学习时三心二意，不能集中注意力。其具体表现在：

（1）上课时注意力集中的时间短，经常东张西望，做小动作，如玩铅笔、涂鸦。

（2）不听从教师的指令，不能遵守课堂纪律。可能一件很小的事，就能让他们反应强烈，而且情绪特别激动，需要很长时间才能平静下来。

（3）上课时经常想与同学说话，不能专心致志地做作业。

（4）做作业速度慢，别人一个小时就能完成的作业，他们却需要三四个小时。

（5）行为急躁冲动，对自己的需要力求马上满足。

（6）有时表现得很幼稚，喜欢和比自己小的学生一起玩。

（7）不太喜欢阅读文字书，尤其是篇幅较长的书，反而喜欢看漫画书。

（8）在集体活动中不能和其他同学一样遵守规则，耐心不够，不管做什么都表现得急不可待。

（9）作业质量极不稳定，有时很好，有时却很差。

（10）比较喜欢做那些具体的数学题，不喜欢解答与听、说、读、写、记有关的作业。

上述学生注意力不集中的表现，可以分为两大类：一种表现为活跃型的注意力不集中，如冲动、注意力集中的时间短暂、过分活跃、捣乱等；另一种表现为非活跃型的注意力不集中，如难以完成任务、作业拖沓等。对于第一种类型的行为问题来说，一般的学生比较明显易见，也较易于观察。这一类问题的产生原因是比较复杂的。

首先，可能是性格上的原因。有的学生性格极为外向，率性泼辣，善于表达，喜欢表现自己。但是，他们又没有把这些性格因素运用到认真学习方面，这就造成了他们在学习上三心二意，随着自己的性子去学，这样当然不能取得很好的学习成绩。

其次，可能是来自家庭的影响。在家里，有的学生可能没有一个比较安静的学习环境，如家长经常在家里搞聚会等。有的家长对孩子的学习也不是特别关心，只是一般性过问，对孩子是否敷衍学习也不做细致观察。

最后，可能是来自学校的教育。在面对学习上不用心、经常三心二意的学生时，有些教师并没有做较为细致的思想工作，也没有及时强化学生这方面的训练。

非活跃型注意力不集中的行为问题就有一定的隐秘性，原因更为复杂，也主要是学生自身的内在原因。有的学生脑子确实比较灵活，思维也比较敏捷，而且具有比较强的接受能力，但他们就是不把这些运用到学习上。这可能是由于他们平时无法得到父母、教师或者同学的肯定，缺乏自信和自尊，因而降低了对学习的兴趣，自然就变得三心二意了。

作为教师要帮助学生发现自身的原因，并且给学生以鼓励，让他们能够认识到自己的价值，从而把注意力锁定在认真学习上。

（二）教学对策

学生在学习上三心二意，注意力不集中，不论是对学生本人，还是对整个教学过程来说，都非常不利。那么，针对这类学生，教师就要从提高他们的注意力入手，把学生的注意力很好地吸引到教学中来。

1. 提出要求，为注意力提供方向

针对学生不能集中注意力上课的情况，教师要提出上课时的要求，如：要求学生有机会开口说就一定要开口；翻书、拿笔的动作要快；回答问题要针对所问；倾听时要认真；对别人的回答有异议要马上举手补充；要做到口到、心到、手到等。这些要求能为学生集中注意力提供方向，使学生觉得有章可循，不会觉得无从下手。

2. 激发兴趣，培养注意力

在教学过程中，教师要充分发挥主导作用，运用科学的教育手段，根据学生的年龄特点，利用灵活多样的教学方法吸引学生的注意力，培养他们上课认真听讲、专心学习的好习惯。比如，教师可以用游戏、比赛的方法，或利用生活的事例及其他手段去激发学生的学习兴趣，让他们在快乐中获得知识，接受教育。

3. 加强学生的注意力训练

学生的注意力是可以通过一定的训练培养的，即使平时注意力集中的学生也要进行一定的训练，才能获得更高的学习效率，更不用说那些在学习上三心二意的学生了。下面介绍两种主要的训练学生注意力的方法。

第一种是复述性练习。教师给学生一份陌生的材料，可以是一些词语，也可以是一段文字等，要求学生在规定的时间内看完并复述，然后进行比赛。

第二种是凝视冥想法。教师让学生凝视某个区域，然后在脑子里努力想象自己喜欢的景象。之后，教师在他们的注意力训练空间中，摆上"干扰源"。当然，学生在这个过程中肯定会有注意力分散的现象，也会出现反复，但最终他们的抗干扰能力会逐渐增强。

4. 巧妙运用各种手段来加强教学的直观性

一般学生的思维特点主要以形象思维为主，对事物也都处于感性认识阶段，这就要求教师要加强直观性教学。在教学中，教师可以运用电视、投影仪、录音、电影剪辑、计算机等各种多媒体手段，把无声的变成有声的，把无色的变成有色的，以此来刺激学生的听觉、视觉，给学生带来生动形象的感性认识，使学生产生一种身临其境的感觉。这对激发学生的学习兴趣，促使其积极思考，会产生积极的作用，同时，这也能强化学生的注意力，改正他们上课时三心二意的毛病，使他们更好地掌握知识。

总之，教师可以通过不断强化学生注意力的训练，让他们集中精神和专心致志，逐渐使学习不用功的学生走进用功的学生行列。

第三节 问题三——基础不牢怎么办

📥 典型案例

　　刘京是一名很听话、学习一直很勤奋的学生，父母都是国家公务员。为了让孩子不输在起跑线上，父母想尽办法让他进了一所市重点中学读高中。但是，由于刘京以前的基础知识掌握得不扎实，而且自己也没有意识到应该补习一下以前的旧知识，在高一的期中考试时，成绩很不理想，班上50多名学生，他考了40多名，自己与父母都很着急，认为是学习不够刻苦造成的。后来，他便勤奋用功，天天早起晚睡，经常在熄灯就寝后还躲在被窝里看书。可是，期末考试他的成绩不但没有进步，反而考得比以前还要差。

　　高一下学期时，刘京已经感到力不从心、疲惫不堪。为了节约时间来学习，他平常很少去运动，导致体质下降，进而影响了学习效果。在接下来的测验中，考得好时，总在及格线边缘徘徊；考得差时，有时只有30来分。因而，他感到万分沮丧，并将这个情况归咎于自己天生比别人笨，自己不是读书的料。后来，班主任张老师了解了刘京的情况后，帮他分析了成绩上不去的原因及他学习上存在的弱点，要求他加强基础知识的训练，每天除了掌握当天的新知识外，还要有计划地补习以前没有掌握好的旧知识。因为只有基础打牢了，以后的学习才不会觉得困难。

　　后来，在张老师的指导下，刘京的父母给他请了家庭教师，帮他加强了对以前知识的补习，逐渐打牢了基础。慢慢地，刘京取得了较好的成绩，最后考上了理想的大学。

教学策略

俗话说："冰冻三尺，非一日之寒。"学生的基础差，并不是一两天导致的，而要想解冻这三尺的寒冰，也不是一两天就可以完成的。教师有义务为这些学生提供一些帮助，让他们能够清醒地认识到自己在学习上的优点和不足，自觉地寻找适合自己的学习方法。

（一）明确补习旧知识的任务

补习旧知识就是对前一阶段所学的知识进行归纳整理，并使之条理化、系统化。其目的是通过查漏补缺来进一步巩固、深化知识基础，提高学生的学习能力和解决实际问题的能力，完善学生的认知结构。

1. 查漏补缺

补习旧知识要以整个教学要求为目标，对基础差的学生掌握知识的情况进行全面检查，补习其薄弱环节，使学生的基础知识逐渐得到巩固，从而为以后的学习打下坚实的基础。

2. 促进知识的系统化

补习旧知识应根据知识的重点、学习的难点和学生的薄弱环节，引导学生按照一定的标准把已学的知识进行梳理、分类、整合，弄清知识的来龙去脉。这能够很好地使学生从整体上把握知识结构。

3. 温故而知新

补习旧知识不仅要使知识系统化，还要对所学的知识有新的认识，包括适当地拓宽和延伸，达到"温故而知新"的目的。

4. 提高学生解决实际问题的能力

补习旧知识不仅要突出知识的综合性，更要通过各种层次、各种类型的练习，培养学生灵活运用知识解决问题的能力，让学生在补习和复习旧知识过程中实现从"学会"到"会学"的转化。

（二）及时复习补习的旧知识

由于基础比较差，学生对于刚学过的知识，很可能一下子吸收不了。心理学上的遗忘规律也表明，刚学的知识一开始遗忘得比较快，过了一段时间后就会逐渐减慢。所以，帮助学生补习旧知识时，教师要注意这个规律，要让学生先复习当天补习的内容后再去做一些相关的作业。也可以要求学生在每天晚上睡觉之前想一想自己今天学了哪些内容，使这些知识在头脑里呈现一遍。同时，对于新学的知识，学生可能因为原来知识的缺陷而没有弄懂，因此，补习要有针对性，要以学生在学习新知识时的旧知识缺陷为突破口，有针对性地进行补习。

（三）做好与家长的沟通工作

对于那些基础比较差的学生，教师要用足够的耐心来帮助他们，使他们通过补习旧知识都能够有较大进步。教师还要积极鼓励他们，帮助他们树立自信心。同时，教师还要做好与学生家长的沟通工作，最好与其达成共识，教给他们帮助学生进步的方法，让他们也参与到巩固学生基础知识的工作中来，这样才能更有利于帮助基础差的学生实现质的转变。

（四）采用多种方式补习旧知识

长时间用同一种方式补习旧知识的效果可能不会很好，尤其对于那些年龄比较小的学生，教师在帮其补习旧知识时应该不断地变换教学方式来达到补习旧知识的效果。比如，在补习语文时，教师可以让学生采取朗读、背诵、默写、造句、写作文等不同的方式。在补习数学时，可以通过让学生看书、记公式、做练习题等方式来促使学生学习。当然，在这个过程中，教师还要注意习题题型的变化。

总之，面对那些基础较差的学生时，教师要多下功夫，特别是要对他们有针对性地补习旧知识，以便进一步巩固他们的基础，增强他们的信心，逐渐提高他们的学习成绩。

第四节　问题四 ——贪玩的学生

典型案例

　　阳阳是一所重点学校的高中生，家庭条件优越，也是一名体育特长生，曾经拿到地区200米比赛的第一名。其在体育方面的出色表现，使他有一种特别的自信，但是他并不喜欢学习，尤其是物理和化学，一直没有入门，成绩也在平均成绩以下。因为贪玩，他经常不交作业，上课时常常发呆。有时他干脆不上课，跑到外面去玩。有时他在操场打球，上课铃响了也舍不得返回教室上课。教室里经常能看到他嬉戏打闹的身影。

教学策略

　　贪玩是学生的天性，但是学生过度玩耍，甚至在课堂上违反纪律，课后不按时完成作业，因为贪玩而逃课，无疑会影响学生的学习，影响以后的发展。那么，如何对待这种贪玩的学生呢？

（一）培养学生的学习兴趣

　　兴趣是最好的老师。学习兴趣是促使学生自觉学习的原动力。如果学生对学习产生了浓厚的兴趣，他们自然就不会把学习当成苦差事。我们经常看到，有的学生对计算机很感兴趣，他就愿意主动地看许多关于计算机方面的书籍，贪玩的习性就会有很大的改善。因此，家长和教师应不时地寻找、发现学生的兴趣所在，并加以引导和培养，促进学生健康成长。

（二）使学生尝到成功的滋味

很多学生不爱学习，多是由于学习总是失败，考试成绩总是不如别人。因此，要从学生的实际出发，恰当地为学生确定学习目标，并给予切实有效的帮助。这样，学生就能通过努力达到他能够实现的目标，获得成功的体验。成功的体验又会激励学生继续努力，使其不断进步。

（三）从小培养注意力

孩子不爱学习常与其注意力差有关。课堂教学要求学生的注意力至少保持20分钟，有的学生却只能集中注意力几分钟，由于"开小差"，有许多内容没有听到、没有理解，结果就是成绩差，逐渐对学习失去了信心和兴趣，进而不爱学习。所以，要从小培养孩子注意力。有的孩子天生注意力不集中，这更需要家长的长期努力。

（四）学习强度不可超过孩子的承受能力

许多家长望子成龙心切，在孩子课后又安排家教和补习，想借此来达到提高孩子成绩的目的，其实这样做很容易事倍功半。孩子在学校学习的内容已经够多了，再加上几个小时的课外学习，很容易超过其承受能力。这种课堂—家庭式的接力学习往往会使孩子失去对学习的新奇感，开始厌倦学习。

（五）身教重于言教

父母的言行是孩子最好的榜样，他们的一举一动都能对孩子产生潜移默化的深远影响。父母要使孩子热爱学习不贪玩，自己必须勤于读书，努力在家庭中营造良好的学习氛围。如果父母整天沉迷于麻将、电视、跳舞、应酬中不能自拔，那么要想孩子"出淤泥而不染"是不可能的。

（六）避免家庭教育中的误导

家庭教育中父母讲话不慎而产生的错误导向，也是孩子不爱学习的原因。如果一位家长整天喋喋不休地说："你成绩如此差，一定是比别人笨，再努力可能也不会见效了。"这样的话语势必严重挫伤孩子的积极性与进取精神，使孩子不爱学习，变得贪玩。

（七）为孩子找一个爱学习的好伙伴

同龄人之间的影响是极为重要的。大部分孩子效仿性极强，只要有一个好的榜样在身边，孩子就会产生希望变好的内在动力，会逐渐喜欢学习。这种同伴的力量有时甚至比家长的说教、打骂更有效。改变孩子贪玩的方法很多，但是真正关键的部分掌握在家长和教师手中，只要家长和教师方法得当、态度认真、对孩子给予足够的关心与帮助，相信这样的问题很容易就能得到解决。

第五节 问题五 ——学习偏科的学生

典型案例

杨阳是一个头脑非常灵活、活泼开朗的阳光男孩。他是班上的数学课代表，每次数学考试都可以达到95分以上，物理、化学也不错，曾经在学校组织的数理化竞赛中获得数学一等奖、物理一等奖、化学二等奖的好成绩。由于理科成绩好，他成了同学们羡慕的对象。对此，他自己也非常高兴与得意。可是，与理科成绩形成鲜明对比的是，他的英语成绩一团糟。由于他认为英语应该与数理化一样，可以灵活学习，不愿意背单词，词汇量匮乏，每次考试成绩总在及格线边缘徘徊。

另外，杨阳对历史、地理、生物等学科也存在偏见，认为只要临考前突击背诵一下就可以了，平时也是不闻不问，作业马马虎虎。虽然他的理科成绩好，但是，每次考试的总分并不高，在班上的排名总是中等水平，他的父母为此感到很是着急，担心他的偏科会影响将来的升学。

后来，教师给他做了专门指点，给他讲了偏科的危害性及学好英语的重要意义。例如，在英语学习中，教师经常找一些英语寓言故事让他阅读、找英语成绩好的同学跟他结成学习对子，帮助他补习英语知识。杨阳开始有计划地复习以前没有掌握的英语单词。经过一个学期的努力，杨阳的英语成绩进步很快，期末考试时考出了81分的好成绩。教师通过拓展杨阳的知识视野，逐渐提高了他对薄弱学科的学习兴趣，渐渐地，他的各科都得到了均衡发展，成了班上前十名的学生。

（一）了解学生偏科的原因

偏科现象在学生的学习过程中是普遍存在的，它对学生的影响也是巨大的。偏科就意味着在知识构成上有缺陷，视野不开阔。从小处看，偏科影响了学生的整体成绩，对升学不利；从大处看，知识领域的缺陷也会影响他们认识问题的均衡性和全面性。偏科还会影响到学生思维能力的全面发展和知识视野的拓展。因为不同的学科在思维上既有相似性，也有差异性，如果在不同学科上得到普遍发展，那么学生的思维就会处于均衡而灵活的状态，对主客观现象也就能够进行综合全面的思考和判断。有的学生在主、副科上存在明显的偏科现象，这就影响了他们知识的全面性，使自己在部分学科领域处于比较低的水平。知识的不协调，对个人的长远发展会产生不利的影响。

一般来说，学生偏科的原因主要有以下几方面：

1. 学生思维的偏好

学生喜不喜欢某个学科与学科自身对他的吸引力有很大的关系。不同的人的思维偏好也有所不同。如果学科的特点与他的思维偏好相同，学生就容易喜欢，成绩也会相应好些，而成绩好又会使他们越喜欢该门学科。如果某一学科的特点与他的思维偏好相差很大，学生就会很不适应，学习成绩相应就差，而成绩越差就越容易使他们产生偏离的倾向。

2. 学生成绩的好坏

学生的成绩是一种激励，也是一种鞭笞。好的成绩能刺激学生更加努力地学习，学生就会期待达到更好的目标；差的成绩使学生更加头疼，从而厌恶学习，以致成绩更差。前者有积极意义，它使学生从对成绩的关注转移到了对知识和学习的关注上；而后者具有消极意义，它使学生关注的重心从知识和学习转移到了对成绩的苦恼上，从而导致了学生的偏科现象。

3. 教师的影响

从某种程度上说，学生是否喜欢某个学科，除了学科自身的吸引力外，与任课教师的人品和魅力也有很大的关系。如果学生喜欢某科的任课教师，就会偏爱这门学科，也能提高该科的学习成绩，而好的学习成绩，又强化了学生对该学科的喜爱，从而形成了良性循环。如果学生不喜欢某位教师，也往往不喜欢该教师所教的学科。这样，他们的学习成绩就会下降，也就丧失了学好这一学科的信心，从而形成恶性循环。比如，某名学生不喜欢语文，而喜欢数学。原因是语文老师总是批评他，他对语文越来越没兴趣，但数学老师则不然，他有一点进步，老师就给予他鼓励和表扬，于是他越学越有劲。这样，语文成了该生的弱科，数学则成了该生的强科。

4. 家庭的影响

家庭特殊的文化氛围、家长的某些爱好及其职业差异也会诱发学生偏科，如：家长爱好文娱，家庭艺术氛围浓，则孩子往往偏爱音乐；家长爱好体育，喜欢运动，孩子则偏爱上体育课；等等。不管哪种偏科现象，教师都应该针对不同的偏科学生运用不同的方法，使这些偏科学生各科都能够均衡发展。

（二）纠正学生偏科的具体方法

当学生的学习出现偏科时，学生的总体成绩是肯定会被拖后腿的，教师的教学效果也会受到一定的影响。那么，针对学生的偏科问题，帮助学生强化弱项科目时，教师该如何应对呢？

1. 确定合理的学习目标

针对偏科现象，教师帮助学生确定一个合理的学习目标是强化学生弱科学习的先导。这个目标不要制定得太高，要保证学生经过努力之后，可以享受到实现目标的喜悦。为此，这个目标应该是可以量化的，也就是说，要一目了然。一个比较模糊的目标，除了让学生更迷茫外，可能就没有其他用途了。通常，这些目标可以这样来设定，如：在第一次考试全班第30名的基础上，争取在第二次考试中上升到第25名；或者从第一次考试的50多分上升到第二次考试的60多分。总之，这些目标一定要切合实际，不能刚开始就把目标定得很高。

2. 制订可行的学习计划

教师帮助学生制订一份可行的计划，是强化学生弱科学习的蓝图。在制订计划时不能太苛刻，要使学生保持一种没有太大负担的状态。当然，针对不同的偏科学生，制订的计划也是不一样的，具体内容要根据不同的情况确定。学习计划的制订要有步骤、有计划地予以实施，目标不能定得太高，也不能定得太低。帮助学生制订计划是为了让学生的弱科不再继续弱化，争取达到中等或上等水平。

3. 帮助学生保持好的情绪，去除焦虑情绪

如果学生深陷偏科的泥淖里，那么教师就要指导学生认真反思自己的学习历程，找到自己的学习优势，稳定自己的学习情绪。教师不要让学生每天只看到自己的短处，整日无精打采或者焦虑不安，更不能使学生随意地把自己的偏科现象扩大，不能让他们错误地认为自己无论怎么用功都是白费力气。相反，教师要帮助学生保持良好的情绪，逐步分析，正确对待偏科问题，这样才能尽快找到解决问题的办法和途径。

4. 教育学生正确认识自己的弱科

只有学生真正地认识到自己偏科的严重后果，才能改变学生的偏科现象。很多时候，学生可能是在没有了解一门学科之前就已经有了先入为主的印象。他们会因为对某位教师的偏见而逐渐对某个学科冷淡，这样自然就产生了偏科。但是也存在只是没有好好学而导致偏科的情况，针对这种情况如果学生能够认真地学习，并且能明白教师在讲些什么，就可能会非常喜欢那门学科，自然就会专心地投入该门学科的学习了。

5. 要使学生尽快跟上新学的课程

教师要帮助学生及时跟上新学的课程，特别是学生较弱的科目。教师要争取让学生改变厌烦、慵懒和逃避等态度，帮助他们补上落下的基础知识。知识都是连续的，已经落后的课程就更要抓紧补上。教师要从基础对他们进行辅导，可以每周给他们做一部分练习题，对错题及相关知识进行讲解，之后让学生选择合适的方法把旧的知识重新进行梳理。这样就能使学生在弱科上的成绩有一定程度的提高。

6. 要对症下药

有的学生某一科的成绩相对突出，而其他学科成绩一般。像这种情况，教师要积极鼓励他的优势科目，通过优势科目来帮助学生树立信心，让他认识到自己有学好其他科目的能力。有的学生可能是文科或理科一方面突出而另一方面较弱，这就要对较弱的科目培养学习兴趣，改进学习方法。总而言之，对于偏科的学生，教师要帮助他们改正偏科的不良习惯，不断指导他们强化薄弱学科，使各学科能够得到均衡发展，从而进一步提高教师的教与学生的学的互动效率。

第六节　问题六 ——马虎不是小问题

典型案例

　　进入高中后，张强在学习上更加积极主动，可是，每次考试分数都不能让他满意，考卷一发下来，总能发现因为没有认真看题或者因为马虎导致的回答错误，总会犯一些不该犯的错误，将不该看错的题目看错。同时，张强也是公认的错字大王，将不该写错的字写错，如在考试作文中把"以为"写成"已为"等。而且，在平时的生活中，张强做事也总是丢三落四，漫不经心，做完作业后没有检查的习惯。即使检查也是走马观花，总认为只要知识学懂了，到考试时仔细一点就好了。但是，每次考试，张强总是因为马虎丢分。为此，张强没少挨教师、家长的批评。有时他也在提醒自己，千万别再马虎了，但到考试时不该错的还是错了，他自己也很苦恼。

教学策略

　　马虎是学生的常见毛病之一。在一般情况下，马虎是无关大局的，但若是在关键问题上马虎了，就会因小失大，前功尽弃。本来不该答错的题却答错了，本来不该看错的题目却看错了，本来不该丢的分却丢了，本来不该写错的字却写错了。这种错误往往影响着考试的成败，令学生懊恼不已。虽然有些学生总是在心中提醒自己千万别马虎，但到了不该错的时候还是错，不该马虎的地方还是马虎。在教学中，教师一遍遍地嘱咐："一定要细心！切不可马虎！"可是马虎依旧存在。到底是什么原因导致学生爱犯马虎的毛病呢？

（一）学生马虎的原因

1. 知识因素

学生在学习中，对那些既相似又不同的知识容易马虎，如数字"6"与"9"，拼音字母中的"p"和"q"，汉字中的"已"和"己"，等等。学生在这些知识上容易马虎主要是由于知识本身存在易于混淆、不易区别的因素，这就给学生的学习造成了不少困难。在学习过程中，一些学生观察事物不仔细，往往只注意刺激较强的部分，而忽视刺激较弱的部分。同时，学生注意力分配能力较差，常常会顾此失彼。学生如果本身学习不认真，马虎了事，而教师又很少指导，学生就容易因马虎而出现知识上的错误。

2. 学习态度因素

学生的马虎更多是因为学习态度导致的。虽然知识存在容易被忽视、容易出现错误的种种因素，但是如果学生学习态度认真，教师教学得法，是能够加以改变和克服的。也就是说，马虎是能够减少或避免的。马虎的学习态度的因素表现为学习不认真，缺乏正确的学习动机、美好的学习愿望及良好的学习习惯。这样的学生普遍对学习不感兴趣，上课不注意听讲，课后敷衍作业，应付教师检查，这就不可避免地造成了学习上的马虎。

3. 个性特点因素

学生学习上马虎还与学生个性品质有关。所谓个性品质，是指学生的气质、能力、兴趣和动机等。从学生的性格和气质来看，通常性格外向和胆汁质、多血质气质类型的学生在学习过程中更容易出现马虎现象。胆汁质气质类型的学生精力充沛、热情、直率、积极。但是，由于性格急躁、粗暴，做事急于求成，所以在学习上就容易出现不细心、马虎的现象。多血质气质类型的学生灵活，反应敏捷而外向，情绪体验不够深刻而易变。这种学生活泼、好动、热情、有朝气，但是由于他们的情绪的易变性，在学习中不管是做习题、考试，还是画图，他们总比别人快，表现得很匆忙，因此，也容易出现马虎现象。

4. 教育教学因素

虽然学生自身因素是造成成绩差的主要原因，但在教学过程中，教师的教学风格、方法也在潜移默化中影响着学生。学生容易马虎的知识也是他们理解不透、记忆不实的知识。如果教师的教学单调、枯燥、抽象或抓不住知识的重点，对易混淆的知识重视度不够等，也可能造成学生作业和考试时马虎现象的出现。

学生在学习上的马虎还与心理定式有关。有些教师对学生的马虎现象缺乏应有的重视，平时对学生缺乏正确引导和严格要求，出现马虎现象后又不能及时教育与纠正，致使学生放任自流，久而久之，便形成了粗枝大叶、不求甚解的马虎习惯。

教师上课语速有时过快，计算也过快，虽然学生能跟上，但可能也会给他们造成一种紧张的气氛，使其对知识领悟、吸收的时间不够充足，仅仅是听懂了而未贯通。还有些教师上课"风风火火"的作风，也会给学生造成一种"浮躁"的感觉，给学生带来影响。

（二）教学对策

马虎，既可以严重影响学生的考试成绩，也会对学生今后的学习、工作产生很大的影响。在教学过程中，教师怎样才能帮助学生改掉马虎的坏毛病呢？

1. 对易混淆的知识能够正确区分

在学习中，对那些既相似又不同的知识，学生容易马虎。为了让学生对知识理解得透彻、记得扎实，对容易混淆的知识能够正确区别，教师就要提高教学艺术，使学生在首次感知中就获得准确、鲜明的印象，从而减少或防止马虎现象出现。

2. 对学生耐心辅导

马虎作为一种态度，不是一朝一夕形成的，自然，要纠正这种不良的学习态度也不是三两天就能完成的。教师一定要做好打"持久战"的准备，对克服学生的这种不良现象，要有足够的耐心，不要急于求成。在教育过程中，教师应晓之以理、动之以情，多和学生沟通，帮助学生解决问题，不要责备、呵斥。

3. 提高学生对认真度的重视

对于学生已形成的学习马虎的习惯，教师要重视起来，并采取正确的教学方法帮助其克服。首先，让学生克服"只不过马虎"的思想。正是这种轻视马虎的态度才使学生染上了马虎的"顽疾"。其次，可以搜集一些因马虎闯下大祸的事例，使学生认识到马虎的危害，从而让学生自觉地克服马虎的习惯，提高对认真的重视。

4. 草稿不要太草

改正学生马虎的毛病，要从草稿做起。教师要教育学生草稿不要太草，要严肃、认真地对待。

5. 不要依赖橡皮和涂改液

橡皮和涂改液是造成马虎的一个根源。反正错了可以擦，于是错了擦，擦了错，学生对犯错根本不在乎。在教学过程中，教师要尽量禁止或少用这两样学习用品，学生错了不能依赖涂擦，这样自然而然地就会促使他们认真书写，养成"三思而后行"、争取一次做对的好习惯。

6. 指导学生形成自我检查的习惯

有些学生马虎导致的作业错误，常常由爸爸妈妈或其他长辈给检查出来，这种方法对克服学生马虎的毛病不但没有好处，还可能导致学生的依赖心理，使其更加马虎。教师应加强与家长配合，指导学生自己检查，验证学习效果。如果家长检查的话，在检查之后，不要具体指出错误，而是划定范围，让学生自己查证。学生通过自检，可以发现学习中的问题和漏洞，并能分析出错误的类型、产生错误的原因，有针对性地找到补救的方法，避免重犯。

7. 建立"纠错本"

教师可以要求学生建立"纠错本"，让他们把每次作业做错的题目抄写在"纠错本"上，找出错误的原因，同时把正确的答案写出来。"纠错本"就像是一个错误"档案"，有利于学生认识错误，下决心改正。

8. 学会自我暗示

让学生学会每犯一次马虎的错误，就把马虎的原因用笔记下来，平时多翻、多看、多告诫自己，并在做题时在心里默念："别人都不马虎，为什么我马虎呢？一个马虎的人是成就不了大事的。马虎并不是我的专利，它控制不了我，我一定能战胜它。"这种自我暗示可以增强改正的信心。对马虎很严重的孩子，可以在手腕上套橡皮筋，每马虎一次，自己拉几次橡皮筋。几次之后，一做作业就会想到不认真就要手腕疼，这样就会逐渐改掉马虎的毛病。同时，也可在认真做作业后，给自己奖赏，如做自己喜欢的事、吃自己爱吃的食品等。

9. 培养学生养成整齐有序的生活习惯

许多生活习惯都是学生长期培养起来的。如果学生没有稳定的作息习惯，生活杂乱无章，什么东西都乱放，长此以往，学生就会养成粗心、马虎、无序的生活习惯。因此，教师要培养学生做什么事情都要尽量有条理的好习惯，如学习用品摆放要整齐。养成了好的习惯，学生就会逐渐细心起来。

10. 进行"细活儿"训练

学习、生活中有许多"细活儿"，不认真绝对是做不好的。对于马虎的学生，通过干"细活儿"，可以克服他们马虎的毛病。例如，写正楷字、画工笔画、做一些小手工、缝衣服扣子、动脑筋游戏、涂鸦、绣十字绣等，让学生有目的地去选这类事情干。这样经常训练，他们就会越来越细心。

11. 教师要培养自己严谨的治学态度

"其身正，不令而行；其身不正，虽令不从。"教师要求学生学习不能马虎，首先自己应当有严谨、认真的治学态度。如果教师要求学生是一个样，自己做的又是一个样，做事马马虎虎，板书和批改作业丢三落四，那么学生也不能很好地接受帮助和教育。所以，在教学上，教师应给学生做出榜样，用自己严肃、认真的治学态度来影响学生，使学生从中受到启发和教育。

学生因马虎导致学习成绩差，只是马虎在考试当中的表现，真正的原因在于学生平时对自己要求不严格。因此，要解决这一问题，教师必须从平时的学习和训练入手，加强学生认真度的训练，帮助他们有效地遏制马虎行为，养成一丝不苟的学习习惯。

第七节　问题七 ——爱走神的学生

保持良好的注意力，是大脑进行感知、记忆、思考等认识活动的基本条件。学习时，只有高度集中注意力，才能观察得细、全、深，记忆得快、准、牢，思考问题敏捷、深刻、连贯。也只有这样，才能获得预期的学习效果。学生注意力不集中，上课不能专心听讲，是导致学习效率低下、学习效果不佳的主要原因之一，甚至造成恶性循环，使学生的学习兴趣减退或产生厌学情绪。

典型案例

刘娟就是一名上课经常走神的学生。她说："有时明明在看黑板，脑子里却想着别的事情，这时我就努力把自己拉回现实，但时间不长，我又会走神。"

教学策略

在教学过程中，我们经常会看到一些学生，坐在教室里，既不讲话，也不听老师讲课，望着天花板发呆，根本没有学习。学生上课时出现走神现象，就会影响听课效率；自习课走神则会导致不能完成作业。学生明明知道是在白白地浪费时间，却又无力改变这种现象，因此深感苦恼、困惑。

学生上课走神的原因是多方面的，既有学生自身的原因，如基础不好、学习动机不强、对学习不感兴趣、睡眠不足、大脑得不到充分休息等，也有学生之间关系的原因，如学生之间的情感问题及学生间的一些小矛盾等。另外，学生与家庭之间的矛盾、教师上课缺乏艺术性等问题都可能导致学生上课走神。

在学生的学习过程中，注意力是打开他们心灵的门户，而且是唯一的门户。门开得越大，学生学到的东西就越多。而一旦注意力涣散或无法集中，心灵的门户就关闭了，一切有用的知识信息都无法进入。正因如此，法国生物学家乔治·居维叶说："天才，首先是注意力。"在正常情况下，注意力使我们的心理活动朝向某一事物，有选择地接收某些信息，而抑制其他活动和其他信息，并集中全部的心理能量用于指向的事物。因而，只有良好的注意力才能提高学生的学习效率。

1. 养成良好的睡眠习惯

有些学生晚上喜欢熬夜，在宿舍打着手电读书，学到深夜，不能按时睡觉；有些学生在宿舍和同学闲聊到很晚，结果早晨勉强起来，头脑昏沉沉的，一整天都打不起精神，有的甚至在课堂上伏桌睡觉。上课无精打采，必然效率低下。要由"夜猫子"变成"百灵鸟"，就要按时睡觉和按时起床，养足精神，以提高白天的学习效率。

患有失眠症的学生，可以采用如下方法调节：一是可以通过药物治疗；二是要加强体育锻炼，如晚上睡觉之前进行适度的锻炼，以便能快速进入睡眠状态；三是食物疗法，如睡前一小时喝点热牛奶或蜂蜜水，以有助于入眠；四是身体放松法，如可以用温水泡脚、用木梳梳头5分钟或自我按摩头部5分钟，改善血液循环，刺激一下头部神经，以有助于睡眠，还可以听一听轻快的音乐，或听英语磁带来帮助自己入睡。

2. 保持正确的坐姿

一些学生上课趴在课桌上听讲，或是用手托着头，或把头缩在衣服里，这样当然容易导致昏昏欲睡，思路混乱，头脑不清晰，从而开始走神，想入非非。因此，为了使思想不开小差，教师可让学生从培养自己良好的坐姿开始，身体坐正，使其振作起来。虽然一开始也许会觉得不舒服，甚至还有些难受，如果能坚持下去，就会逐渐看到它的好处。

3. 戒除不良习惯

有的学生上课时精力不集中，往往和上课时做小动作有关。比如，手里玩钢笔或小玩具，在本子上胡乱涂画，左顾右盼……这些动作往往干扰了大脑对课堂学习内容的注意，分散了学生的注意力。戒除不良习惯的方法是要通过净化学习环境的方式来实现对自我的控制。教师可以让爱玩东西的学生上课时把手放在膝盖上或背到背后去，把桌上可能分散注意力的报纸、杂志、玩具、零食、小镜子、彩贴画等与学习无关的东西统统收起来，从而净化干扰注意力的环境。教师还要学生养成良好的听课习惯，如眼到、耳到、心到，做好笔记，积极回答问题，或者在走神的时候，不妨在一段时间里口述教师讲的内容，以便使思路紧跟教师不放松。

4. 树立目标意识

当各个学科任务繁杂时，要分清主次轻重、检查时间的先后，不能顾此失彼，一边倒。当某一学科内容丰富、任务复杂时，也要分析重、难点，保证重点，兼顾一般，做到有的放矢，始终保持目标清晰，不可杂乱无章。要在一定的时间内完成一件具体的事情，享受其带来的成就感。不要总是将事情做一半，手忙脚乱，顾虑重重，患得患失，做着语文想数学，做着数学想英语，结果没有彻头彻尾地完成一件具体的任务，产生各科作业只做一半而都完不成的现象。

在上课前要做好相关科目的预习，做到心中有数，如这节课要讲的主要内容是什么，哪些是必须掌握的重点知识，哪些是难以理解、不易掌握的内容等。如果对这些问题都有数了，听课的目的就会明确，任务也会变得非常具体，上课时也会有效地集中自己的注意力了。做到珍惜时间，避免走神，达到目标，定时完成限定任务最有效的方法是制作时间表。可以每天准备一张空白表，每节课和每个时间段都填入翔实又清晰的任务。比如，自习课，在上课前要有具体的切实可行的目标，如这节课要完成什么作业，做几道题、读几篇文章等，这样有利于集中精力提高效率，避免浪费时间。下课时，如能完成目标，在后面的备注里画上一个"★"。在执行任务的过程中，要不断修正、调节目的和结果的关系。这样，日复一日，既能提高注意力，充分利用时间，还可以养成良好的学习习惯。

5. 合理安排时间

科学合理地安排时间是有效运用时间的前提，学生对时间要有整体和部分两个概念。整体时间可以月、周、日为单位，把一个月、一周或者一天看成一个整体，计划在此期间重点要做的事情，要达到的目标。为了使目标更具体，又可以把时间划分成一些有间隔的时段，做到长计划，短安排。要突出重点，切忌平均用力。学习的时间是有限的，学习的内容是无限的，所以必须抓重点。所谓重点，一是自己学习中的弱科，学科中知识、能力上的薄弱环节；二是知识体系中的重点。学生的时间是受学校的教学计划、作息时间、课时安排及各种活动制约的。学生要根据学校的规定，结合自己的特点制订计划，不能自己随意安排，更不要与学校的正常上课、作息时间、教学活动发生冲突。教师要让学生合理安排时间，做到张弛有度，充分利用课间的活动时间，以及下午的课外活动，放松心情，使大脑得到充分休息。另外，体育锻炼和合理的饮食习惯对提高注意力也有很大帮助。比如，平时可以做些放松训练，如深呼吸，或是攥紧拳头，双臂用力，慢慢伸展开来，以此进行全身的由紧张到放松的训练。

第八节　问题八 ——苦恼的多动学生

典型案例

小新是一名颇为好动的学生，不用说上课认真听讲、按时完成作业等做不到，就连在课堂上进出教室也如入无人之境。老师若加以干涉，他必报以横眉冷对，甚至是满口粗话。在课堂上，他经常趴在课桌上，见同位及前后位同学专注地学习，时不时就无端地将别人的练习本操作一团、摔坏同学的彩笔盒；无故殴打同学，老师制止，有时也会对老师动手。同学们敢怒不敢言，家长们也颇有意见。班主任对他苦口婆心，很是劳神，却不见什么成效。小新给人的感觉是软硬不吃，对其进行鼓励或表扬，他又认为老师是变着法子骗他。有一次，他在放学的路上主动捡起了前面同学掉的物品，正巧被值班的一位副校长看见。该副校长表扬道："看，小新真是名好学生。"不料他一出校门便大骂该副校长是个大骗子。班主任责问他为什么如此骂人。他理直气壮地说："我顺手捡起了别人的物品就是好学生了？"这真是一副无可救药的样子。为了减少他对其他同学的干扰，班主任老师无奈之下，让其一人独占一个座位。不料他大为恼火，竟到办公室跟老师吵得不可开交。班主任老师打电话叫来家长，也无济于事。

教学策略

大多数教师经常会碰到一些学生，他们在上课时小动作不断，凡能碰到的东西都要碰，经常把书本涂得不成样子，甚至撕书。他们喜欢东张西望，注意力不集中，学习时不专心，上课时专心听课的时间短，对来自各方的刺激反应都很大。他们总喜欢挑逗别的同学，制造一些课堂"小插曲"。他们情绪非常不稳定，冲动，任性，会无缘无故地大声叫喊，做事没有耐心，总是急匆匆的。这就是在学校里遇到的令老师、家长非常头疼的多动学生。

活泼好动是学生的天性，但有的学生过于好动，无论做什么事情都不能专心，以致影响了学业及发展。他们有的被贴上多动症的"标签"，有的被扣上问题学生的"帽子"。对此，教师、家长都十分担心和烦恼。其实，很多学生并非人们所说的多动症，而是一种多动行为，只要通过耐心教育和引导、正确地矫治和影响，随着他们的不断成长，就会逐渐改掉多动的毛病，慢慢养成注意力集中和做事认真的好品质。那么，教师该如何利用学校教育的优势，正确地引导多动的学生呢？

（一）端正认识，爱心呵护

教师首先要正确认识多动行为。多动学生的活动过度是由一定的原因导致的，并非多动的学生自身故意所为、有意对抗。因此，教师不能对多动的学生表示厌恶或歧视，以免他们产生自责或挫伤他们的自尊心。另外，教师也不能经常说这类学生好动、注意力不集中，以免对他们的心理产生副作用，即越说越好动，加剧他们的多动行为。因此，教师应怀着一颗拳拳爱心，对学生倍加关心和呵护，给予他们宽容和理解，寄予他们期望，并以他们的眼光来看待他们的过失，同时不要批评指责他们，要多关注他们的优点，给予他们深深的热爱和期望。相信这样的期望和力量，定会产生神奇的效果。

（二）耐心教育，正确引导

（1）教师要帮助多动的学生认识到多动行为的危害性，增强他们克服多动行为的自觉性。一个人的思想决定了他内心的体验和反应，因此，要转变学生的多动行为，必须让学生对多动行为有一个正确认识。当多动的学生做错事或当多动的行为带来不良后果时，教师不要责怪他们，而要针对其事，明确地指出这都是多动造成的，使多动的学生对多动行为产生厌恶和反感，以增强他们克服多动行为的自觉性。

（2）提出要求，积极暗示。初中生自制能力差，常常没有"记性"，多动的学生更是如此。因此，教师要多找多动的学生谈话，提醒他们注意自己的行为，提出明确的要求，讲清道理，要求他们专心听讲，认真做事。但是，他们可能无法控制自己的行为。这时，教师可有意识地利用语言、表情、动作等给予他们积极暗示，及时提醒他们集中注意力，使他们逐渐养成专心做事、遵守纪律的好习惯。

（3）引导他们将过多的精力投入有益的活动中。多动的学生身上有过多的精力，似乎有永远使不完的劲儿，从不知道什么叫累。只有将这些过多的精力发泄掉，他们才会安闲自得。因此，教师应给他们这些过多的精力寻找合适的出路，如可以让他们擦桌子、摆椅子、浇花、整理公物等，还可让他们玩跳绳、踢球等一些活动性游戏。此外，教师要密切关注他们的活动，并对他们及时予以表扬、鼓励，将他们引导到有益的活动中，以培养他们正确有序、认真做事的习惯。

（三）采取措施，积极矫治

行为学习理论认为，学生的异常行为同正常行为一样，都是学习的结果。既然学生的行为习惯可以通过学习获得，同样也可以通过学习而改变或消除。因此，教师可采取一定的措施，对这类学生进行积极的矫治，就可以消除他们的多动行为，并代之以更有效的行为。具体方法如下：

1. 行为强化

当学生出现符合规定和要求的良好行为时，教师应立即对此进行强化，如：当他们上课认真听讲、大胆回答问题时，教师要及时给予表扬和掌声鼓励；当他们在游戏中自觉遵守游戏规则、和大家一起友好游戏时，教师也应当场进行赞赏和奖励。总之，教师要时时关注这些学生，善于发现他们的闪光点。只要他们有进步就及时给予表扬，使他们产生被信任感，从而增强他们的信心，强化他们的良好行为。

2. 选择与多动不相容的行为进行间歇强化

针对学生多动的具体行为，可选择与多动不相容的正确行为作为目标，进行间歇强化，如对于上课乱动不专心的学生，教师要提出上课要坐端正、不离开座位、不做小动作的要求。若他们能安静地坐上5分钟就可予以奖励。对于乱跑乱动、故意捣乱的学生，教师可提出遵守游戏规则、好好玩游戏的要求。若他们能坚持一次，就可予以奖励。但教师要注意的是，一旦学生达到目标，就一定要奖励，以强化他们的良好行为；他们达不到目标时，教师也应看到他们的努力和进步，在给予表扬和鼓励的同时，指出他们哪里做得不足，应该怎样做。待学生稳定一段时间，巩固这一效果后，教师可再对他们提出更高一些的要求，如安静坐10分钟，坚持两次、三次好好玩游戏等。总之，教师一定要耐心观察、反复要求、积极鼓励，激励他们向着更高的目标迈进。

3. 采取不理睬的态度

有时对学生的多动行为采取不理睬的态度，也可收到意想不到的效果。比如，晨读时，其他学生都在认真朗读课文，有名学生却在摆弄他的学习用具，然后又拿尺子敲他周围同学的桌子。教师可以装作没看见，并暗示其他学生别理睬他。过了一会儿，看到大家都在认真读书，这种学生一般都会知趣地自己拿书出来读。由于教师不去注意，他的多动行为因得不到强化而动因消退。此外，这种方法也可以和榜样示范法相结合，如让多动的学生和比较守纪律、自制力较强的学生坐在一起。当多动的学生乱动时，教师可不去理睬他，而是有意表扬他们旁边做得好的学生，让他们受到感染和教育，从而主动地控制自己的行为。

（四）有目的地训练

对于多动的学生，教师可以对他们进行有目的的训练。具体方法如下：第一，利用兴趣培养注意力。多动学生的最大特点是，对他们感兴趣的活动注意力集中。因此，可利用他们的兴趣来培养他们的注意力。比如，利用听故事、看书、下棋、画画等活动，使学生安静下来，让他们集中精神投入活动中，以此来锻炼他们的注意力。第二，专注新的行为。教师可要求多动的学生每天用一定的时间，专心练习书法和画画。比如，可先从短时间（如每天10分钟）开始，逐渐延长；也可先由教师或家长陪练，之后由学生独立完成。当学生按规定完成时，教师可给予奖励，以巩固成绩，这样持之以恒，可以促进学生注意力的发展。第三，集中训练。教师可以让学生玩走迷宫、找不同等智力游戏，或让学生连续拍球或手持球拍往墙上推乒乓球，数量由少到多逐渐增加。这样做可以使学生注意力的稳定性、专一性得到很好训练，从而矫正学生上课走神或注意力不集中的现象。

　　要想矫正学生的多动行为，不是短时期内就能见效的。因此，当教师为他们确立了短期目标后，就要及时关注他们的表现；当发现他们有过激行为时，教师应及时进行批评和制止；当他们表现良好时，教师应及时给予他们奖励。但有一点要注意，那就是对于多动的学生，教师的教育要有一个弹性空间，允许他们出现反复。总之，对于这类学生，教师要积极地采取措施，发挥主导作用，加强对他们注意力的培养，使他们尽快从多动的问题上转化过来。

第九节　问题九——不自信的学生

自信心是学生良好的心理素质和健康个性的重要组成部分，是人才素质的基本要求。自信心不足就像一盒潮湿的火柴，永远也不可能点燃成功的火焰。

典型案例

小芳是一名缺乏自信心的学生，在课堂上，常常畏缩、躲避、胆怯，从不主动举手发言，不敢提出自己独特的意见，缺乏自己的主见等。在合作学习过程中，她总是依赖学习能力强的同学，听从个别学习好的同学的现成意见，逐渐养成了"听、靠、等"的坏习惯。与他人发生矛盾时，她常常缺乏主见，不去想办法解决，而是依赖别人的帮助或向老师告状，或者回家告诉自己的父母。

教学策略

要增强学生的自信心需要多方面共同努力。改变学生自信心不足可以从以下几个方面入手。

1. 尊重、宽容

学生尊重教师，教师爱护学生，是取得良好教育效果的重要条件。作为教师，所有的学生都是教育的对象，而且我们应该有这样的信念，只要方法得当，学生都是可以教育好的。因为学生对教师的评价是极其敏感的，往往教师的一言一行都可以对学生起到激励作用。教师的评价往往是学生进取向上的动力。所以，教师应当热情关怀、爱护、尊重学生，而不是以学习成绩去衡量学生的好坏。从道理上讲，在批评学生时，教师应当采取谅解或者宽容的态度，应对事不对人，切忌对学生进行人格侮辱；否则，并不能使学生纠正错误，反而会使其产生不良的情绪，这样就会严重伤害学生的自尊心和自信心。教师要充分相信学生，相信他们的能力，多鼓励、表扬，少批评、发火。只要这样，才能激发学生的学习兴趣。

2. 期待、鼓励

在教学中，要以满怀期待的心理去对待每一名学生，不能强求一律，而要多一份信心，多一份期待，切不可要求过高，操之过急。如果学生在学习上多次受挫，就会挫伤他们的积极性。学生是需要爱护的。在教学过程中，我们要看到他们每一次的闪光点，及时予以肯定、鼓励和表扬，使学生不断成功，不断增强自信心。例如，在上课时，教师可以不做任何讲授，让学生根据教师提出的问题自己预习，然后让他们回答问题来提高学生的自信心。教师要教会学生看到自己的优点和长处，学会悦纳自己、欣赏自己和肯定自己，做到不自卑、不自怜和不自责。教师要相信每名学生都有可爱和可造就的一面，要经常肯定他们，鼓励他们。消除学生在学习过程中的障碍，是培养其自信心的基础。

3. 激发、创设

在学习活动中，自信心具有激活指向和维护调节的功能。成功本来就有难度，即使失败了，教师也需要帮助学生分析原因，让他们试一试，使他们通过努力能够获得成功，同时产生"天生我材必有用"的情绪体验，使每名学生在充满自信心的心理状态下生活和学习。教育心理学家认为，在几十分钟的授课讲演中，开头的几分钟是十分重要的。教学的导入环节宛如一出话剧的"序幕"，起着辐射全课的作用。精彩的课堂导语可以激发学生的思维灵感和探索热情。在教学中，教师要多给自信心不足的学生提供机会，创设想说、敢说、爱说的和谐宽松的环境，以克服学生害羞感。教师要创设条件帮助自信心不足的学生消除心理障碍，提高其心理的自我调节能力，以增强自信心。

4. 兴趣、启发

教师要力求调动学生学习的积极因素，调动学生意向活动和认识活动的自觉性。意向活动包括学习动机、学习兴趣，以及注意、情绪和意志状态；

认识活动主要包括感觉、知觉、记忆、想象和思维。学生只有在强烈的学习动机和强烈的学习兴趣的推动下，才能积极地开展思维活动。因此，教师要力求调动全体学生的积极性，促使学生处于"愤""悱"的心理状态，这样教师的"启"和"发"才能收到预期的效果。愉快、有趣的课堂是提高学生学习兴趣的有力保证。心理学研究表明：和谐、愉悦的氛围有助于学生积极参与课堂活动，而紧张、冷漠的气氛会大大抑制学生学习的热情。如何减轻或消除学生学习上的心理压力，培养学生对学习的良好心态呢？在教学中，教师要扮演好引导者、组织者、协作者的角色，创造最佳的学习氛围，使学生情感得到体验，心灵得到沟通，情绪得到调节，行为得到训练，让学生充分地展示自我，从而使学生能学得懂、学得好、学得轻松。这样不仅会增强学生的学习兴趣，培养学生相互协作、共同探究的精神，而且会大大增加学生的自信心和学习勇气。学生的思维、兴趣、爱好都有了张扬的空间，就会走近教师，和教师攀谈并成为朋友，这样就能为学生的心理健全发展打下坚实的基础。

自信是成功的第一秘诀。自信是人们充分估计自我力量的一种内心体验，是发挥主观能动性的源泉之一。它也是中学生应具备的优良心理品质之一，是学习获得成功的前提。心理学研究表明，人的学习效果与信心有关。信心足，记忆效果就好。因此，一定要教育学生建立这样一种信念："别人能学会的，我也能；别人学不会的，我也能学会。"这样，他们的学习就一定能取得成功。有一名学生过去缺乏自信，总认为自己笨，再学也不会有长进。后来，通过心理咨询，他明白了大脑还有90%的潜力没被开发出来，遂增强了信心，通过努力，终于以优异的成绩考上了一所重点大学。可见，信心可以改变现状。只要有了自信心，就可以摆脱落后和失败。有信心的人，可以化渺小为伟大，化平庸为神奇。

总之，在教学中，学生自信心不足很常见，这就要求教师必须多鼓励、多表扬学生，多发现学生身上的闪光点，以增强学生学习的自信心，同时要克服学生的心理障碍，让学生体验到成功的喜悦。

第十节　问题十 ——"双差生"的教育

典型案例

"双差生"指不学习也不守纪律的学生。"双差生"是让家长没办法的学生，也是让老师最头疼的学生。其具体表现为：

（1）严重扰乱课堂秩序，使教学无法正常开展。

（2）屡教屡犯，严重影响班主任常规管理工作的开展。

（3）影响同学，使个别"单差生"转化为"双差生"。

（4）行为恶劣者，参与犯罪活动，严重影响学校和班级管理工作。

教学策略

（一）"双差生"产生的原因

1. 家庭因素

家庭是孩子的第一所学校。父母是孩子的第一任老师，是影响孩子成长最原始、最直接的因素。家庭教育的好坏，直接关系到孩子的健康成长。在"一切以孩子为中心"的思想指导下，近20年来，未成年人在家庭中的地位越来越高。家庭越是以孩子为中心，未成年人就越以自我为中心。未成年人自我中心意识强烈，就会形成孤傲、冷漠、自私或者怯懦的性格。这样孩子成人之后就会出现不能吃苦、意志薄弱、经不起任何挫折、独立生活困难、人际关系紧张、遇到问题束手无策等一系列的不良行为习惯，完全不适应社会。苏联教育家马卡连柯说："父母对子女爱得不够，子女就会感到痛苦。但是，溺爱虽然是种伟大的感情，却会使孩子遭到毁灭。"

近几年来，一些教育者对"双差生"进行跟踪研究发现，大部分的"双差生"的家庭都存在一些问题。一些家庭情绪和道德气氛不良；家庭成员关系紧张或有些成员品行不端、行为不轨；家庭缺乏温暖（特别是单亲家庭）；一些家庭教育方法不当，家长忽视、放弃或无力教育，或教育方法简单粗暴；家庭成员的态度和方法不一致等都给子女以直接或间接影响，导致孩子无所适从，从而在学习或品德方面出现波动。比如，某校初中部的一名学生，其父母自结婚以来就生活在"战争"中。这名学生自懂事以来明白的道理就是武力可以解决一切。加上他父亲的纵容，在学校学习期间，好事看不见他做，坏事他处处在，打架斗殴是家常便饭，学习就不用说了。出校门不久，这名学生就因为故意伤人被公安机关逮捕。

2. 学校因素

学校是培养青少年的主要阵地。学校的教育体制、教育方式、教师的综合素质是青少年能否在学校健康成长的关键因素。随着社会的变革，传统教育体制中的问题被暴露出来。

现在评价一所学校，往往仍然看重其升学率，大部分学校以教学为中心，重智育、轻德育，重分数、轻品行，重知识传授、轻道德培养，重优生、轻差生。这样，良好的道德行为没有在学生心目中得以强化，"双差生"的逆反心理不断增长，对自身悲观，对环境厌恶，从而在思想和行为上走上极端。现在普通中学均没有开设专门的法治教育课，大部分教师缺乏系统的法律专业知识，学校的法治教育环节十分薄弱，导致很多青少年没有起码的法治意识，不知犯罪与非犯罪的界限，这也是造成青少年犯罪的一个原因。部分教师的教育方法不当也是造成学生成为"双差生"的原因之一。在中学中，教师不尊重学生的情况依然存在，教育方式方法过于简单、粗暴。有些教师动不动便骂学生笨、蠢，甚至用各种带有侮辱性的惩罚方式来对待学生，使学生产生厌学情绪。这些现象使学生走向极端的事例经常可见。

3. 个人因素

"双差生"往往存在一定的心理障碍。首先是自卑心理。这种心理来自他们自我认知的偏差。他们因犯过错误，受过批评、埋怨、训斥，常处于"冷"的环境和氛围之中，认为自己是一个无能者、失败者、无前途者，因而心态消极、缺乏热情、自暴自弃，自认为"烂泥扶不上墙"，放弃个体的追求，从而产生自卑心理，觉得自己永远都比不上别人。其次是防范心理。有的"双差生"由于屡遭挫折，有时做了好事，有了进步，又未及时得到应有的肯定，于是感到教师不相信自己，感到自己处于被忽视地位，因此，对教师、家长、同学常处于猜疑的紧张状态，久而久之便形成一堵精神之墙，谁的话也听不进去。最后是逆反心理。在教育"双差生"的过程中，教师有时没有把学生当作能动的、独立自主的人看待，尊重他们，创设一种和谐的人际关系，而是把他们看成另类，对他们的缺点或过失，动辄靠权威压服，靠体罚或变相体罚的办法处理问题，简单而粗暴，因而造成学生产生畏惧、防卫等消极心理，诱发出反权威、反说教的逆反心理。

（二）教学对策

1. 细致深入，从基础抓起

"双差生"的转化是一项系统工作，不是一朝一夕就可以做好的，因此教师要深入下去，根据学生平时听课、作业完成情况，以及学生学习习惯、心理特征、智力水平等情况，结合平时大小考试成绩情况，找出"双差生"成绩差的原因，然后有针对性地帮助学生克服这些困难，从而走上正常的学习轨道。

2. 捕捉"双差生"的闪光点，培养他们的学习兴趣

辩证法告诉我们：世间的任何事物都是矛盾的统一体。俗话说"尺有所短，寸有所长"。教学成功与否，不仅取决于学习者的智力因素，还取决于他们的情绪、态度、学习动力等。鼓励、因势利导，以此作为促其进步、转化的诱因，那么"双差生"就有可能向不差、很好的方面转化。与此同时，为"双差生"提供更多的展示自己的机会，以其获取的成功消除他们的压抑感和自卑感，从而增强其搞好学习的信心，使他们"抬起头来走路"，这样就可以达到良好的效果。

"双差生"一般学习兴趣不强，但他们往往对其他事物感兴趣，因而，教师应注意观察他们的闪光点，及时给予肯定和表扬，从而使他们树立能够学好的信心，并加倍努力把学习搞上去。比如，有的学生虽然纪律差、学习不好，但字写得很好；有的学生爱干净，喜欢集体活动；有的学生对父母孝顺，讲义气，诚实。诸如此类，哪怕有一点可贵之处，我们都要及时表扬、鼓励。

3. 对待"双差生"要有耐心和爱心

"双差生"在班级中常被学生鄙视，个别教师也认为他们是班级的"败类""包袱"。在社会上遭冷眼，在家里也受到家长的训斥，这些学生难免心里会有一种压抑感，存在厌学情绪。对于这些学生，首先要动之以情，然后才能晓之以理。教师要鼓励其他学生多亲近、多信任、多关心、多鼓励他们，并对他们进行热情帮助。抄袭其他学生作业，是"双差生"的常态，教师不能求全责备，要因势利导。比如，可以让他们"一抄、二读、三背"，即先抄下来，仔细研读，将不懂的地方背下来。一旦学生有了进步，要及时表扬，让他们享受成功的欢乐及喜悦。有些"双差生"的头脑反应稍慢，有时一个简单的问题听了几遍可能还不能较好地理解，这就需要教师不厌其烦地再多讲几遍，直到他们听懂为止。无数事实证明，"双差生"有消极心理，也有积极心理；有逆反心理，也有求知欲；有违反纪律的行为，也有守纪律的愿望。他们毕竟还是孩子，教师一个宽容的微笑、一句体贴的话语、一个会意的眼神、一个轻微的触摸都会使其产生巨大的学习动力。因此，教师在任何时候都要注意控制自己的情绪，不迁怒、不急躁，切忌使用训斥、侮辱人格和伤害自尊心的语言；切忌向家长及班主任告状。只有给他们以无私的、真诚的爱，教师才能得到学生的尊重、信任、理解和支持。

4. 帮助"双差生"确立并完成学习目标

一定的学习目标是学生获得学习动力的源泉。"双差生"之所以差，没有奋斗目标是一个重要原因，这就需要在全面了解"双差生"的基础上，帮助他们制定短期学习目标、长期学习目标（一学期），而且经常检查这一目标，及时修改目标。一旦发现目标给他们定得过高或过低，就逐一帮他们修正，激发他们的学习动力。具体做法如下：

（1）帮助"双差生"做好预习工作，"笨鸟先飞"

大多数"双差生"往往是"笨鸟慢飞"，甚至于"笨鸟不飞"。这就需要教师带着他们先飞，利用辅导课帮助"双差生"预习新课，帮助他们从最基础的知识点开始，补习旧知，预习新知，教给他们正确的学习方法，从而培养他们的自学能力。

（2）督促"双差生"课后复习

对"双差生"的作业，可以采用面批的方式进行批改，这样可以让他们面对自己的错误并及时订正，而且可使他们养成按时交作业的习惯。每天早晨学生到学校后，要求"双差生"将昨天所学的需要背诵的知识到老师办公室一一"过关"，一个单元结束后要及时检查、及时反馈，避免把太多的缺漏带到下一单元而造成新的更大的差距。

（3）争取"双差生"家长的配合

没有家长的积极配合，"双差生"很难完成学习任务。家长一般都很关心自己孩子的学习，教师可以通过家长会及家长来访的机会与他们取得联系，争取他们的配合，使其督促孩子做作业，这对"双差生"成绩的提高的帮助是很大的。总之，教师要掌握"双差生"的心理，用真诚的爱引发学生的共鸣，促使其形成自主学习的习惯。

5. 抓思想根源，促进"双差生"的全面转化

造成学生成为"双差生"的原因多种多样，或来自不幸家庭的环境影响，或源自某些意外事件的刺激，甚至是教师不适当的教育方法等。这需要教师深入学生生活，进行个案分析，了解学生的家庭、生活及爱好等方面的详细情况。只有抓住了学生厌学的思想根源，充分了解了他们的思想活动，才能满足学生的内心需求与情感需求，成为学生的知心人，使他们有想法敢说，有情况敢暴露，能够消除心理障碍，从而找到解决问题的方法。

6. 树立学习榜样，促进"双差生"的转化

"双差生"并不是不想成功，也不是不愿意成功，而是缺乏成功的信念。教师要经常在学生中树立成功人物的形象，以榜样的事迹激励他们，用身边的好人好事教育他们，并创造各方面条件，给他们提供成功的机会。教师可通过"双差生"身边优秀学生的学习方法与习惯来感化、激励他们奋发向上，用榜样的力量去感化每一名"双差生"。教师要时时处处做学生的表率，抓住"双差生"的点滴进步及时鼓励，进而提出更高要求，一步一个脚印地促使学生提高。

总之，我们转化"双差生"，道路是曲折的，不是一朝一夕就能达到目的的，必须持之以恒，不仅在学习上，而且在生活中也应关心、爱护他们。只要家庭、学校和社会各界齐心协力，相互配合，"双差生"一定能转变好，甚至会成为优等生。

第十一节　问题十一 ——调皮的学生

典型案例

　　樊虎是一名高一新生，父亲长期在外打工，他与母亲在一起生活。其母虽说同其居住在一起，但对教育他可以说毫无办法。而且，樊虎个性倔强、脾气暴躁，很难管理，学习成绩差，从未完成过家庭作业，是学校出了名的"大人物"。其具体表现为：上课发言从来不举手，张嘴就说，毫无纪律可言，我行我素；回答问题时想站起来就站起来，想坐下就坐下，眼中基本没有教师的存在；经常欺负同学，有时候上课拽女生的头发、搞恶作剧，学生都不敢与他交往。其最大的问题是学习习惯太差，缺少必要的教育和管理，养成了散漫的性格。

教学策略

　　几乎每一位教师在自己的教学生涯中都会遇到几名调皮捣蛋的学生，这些学生几乎成了其他学生的公敌，令教师们头疼不已——对他们进行惩罚又侵犯了学生的权利，听之任之又影响了正常的课堂教学秩序。那么，教师将如何面对这群油盐不进、软硬不吃的学生呢？

1. 平等与真诚

　　当学生在课堂上调皮捣蛋时，应及时了解事情经过并与学生交流沟通，而不是一味地怒斥。如果教师不注意方式方法，会无意中伤害学生的自尊心和感情，学生与教师的人际关系必然僵化，那么教师无论有怎样的良好用心，学生也不会接受，并会从内心深处对教师产生很大抵触。要转变这类学生，首先，要以诚相待，做他的知心朋友，动之以情，晓之以理。苏霍姆林斯基说过："要成为孩子的真正教育者，就要把自己的心奉献给他们。"教师不能高高在上，不能以说教、训斥的口气跟学生说话，应与学生平等相处，敞开胸怀与学生交谈。只有把学生当作朋友，对他们充分信任，通过谈心活动，打开学生心灵的窗户，使学生无所顾忌，愿意倾听你的教诲，愿意向你倾诉真情，才能达到理想的教育效果。其次，一定要尊重学生的人格，维护学生的自尊心，保护学生的隐私，维持学生间的良好关系，不能使学生难堪，不给学生带来心理压力。再次，讲究工作方法。在处理这类学生的问题时要机智灵活。与学生交谈时要学会察言观色，善于抓住学生的心理，把握最佳教育时机。最后，平时对学生要细心观察，善于研究，对学生可能出现的问题要有预见性，解决问题要有针对性。

如果我们能够用平和的心态与他们交谈，就会了解学生调皮捣蛋的真正原因，那么就会产生截然不同的效果。要想与学生很好地沟通，教师必须有意识地改变与学生沟通的方式方法，去掉自己对这类学生的偏见。如果教师改"暴风骤雨式的批评"为"和风细雨式的说教"，用平等的态度对待每一名学生，与他们倾心交谈，听取他们的意见，鼓励他们不断进步，就会使他们对教师产生亲切感，并愿意与教师好好沟通。

2. 理解与宽容

理解是教育的前提。教师要理解学生，理解他们年龄特点下的言行举止与行为表现，理解他们的喜怒哀乐，理解他们的想法与观点，理解他们的无奈与白日梦。只要我们能够放下教师高高在上的架子，与对待听话的学生一样平等地对待每一名调皮的学生，就会获得意想不到的效果。在课堂上，如果学生在纪律上一有违纪的"风吹草动"，教师就停下来去"整风"，那么这节课必将是支离破碎的。在这种情况下，教师应很好地权衡轻重，以完成教学目标为重，对于调皮的学生可以采取冷处理的办法，等到课下再解决。作为教师，在理解学生、宽容学生、爱护学生、引导学生的同时，也要相信学生是独特的人，是有自我发展、自我完善能力的人。

3. 赏识与激励

教师在平时的生活中应多注意这些调皮捣蛋的学生，多观察他们，多发现他们身上的闪光点，并及时地在全班学生面前给予表扬和激励，让他们对自己建立起自信心，让他们觉得"我能行"。比如，有的学生可能有些调皮捣蛋，但是可能有画画的天赋，可能在劳动过程中比别的学生更积极，也可能有体育特长。如果教师能够及时地发现学生的闪光点，用赏识和激励的方式适时教育，学生便会在心中产生被重视的感觉。

"赏识导致成功，抱怨导致失败。"学生正处于身心发展阶段，他们天性好动、爱说，对什么都感到好奇，即使再调皮捣蛋的孩子，也都有其优点。因此，作为教师首先应摘掉"有色眼镜"，努力地去寻找他们在为人处世、学习生活等方面表现出来的优点和进步，看到优点就表扬，发现长处就扶持，有了进步就鼓励。学生在诚挚而又恰如其分的表扬、扶持和鼓励中会逐渐消除自卑，增强自信，在荣誉感与成功体验中发现自我价值，并会激发出奋进的动力。

总之，教师对调皮掏蛋的学生应多一点宽容和理解，多一点赏识和激励，多一点爱。有时一个关爱的眼神、一句信任的鼓励，都能赢得调皮学生的信赖，使他们的潜能被发挥出来，使他们能充分享受到学习成功的乐趣。

第十二节　问题十二 ——拔走嫉妒心

📖 典型案例

芳芳是一名中学生，各方面表现都不错，就是嫉妒心太强。见了别人考试分数比她高，她嫉妒；见了别人受到老师的表扬而自己没有，她心理不平衡；见了别人因比赛得了奖，她眼红；甚至别人穿了漂亮衣服，她也会说风凉话。总之，她是一个嫉妒心很强的女孩，家长、教师都束手无策。

💡 教学策略

嫉妒心不仅害人，而且害己。学生有较强的嫉妒心，往往能做出教师意想不到的事情，给别人造成痛苦和灾难。在学校里评"三好学生"，评优秀学生干部都容易引起学生的妒忌。在社会竞争的大潮中，妒忌更容易产生。教师怎样防止学生产生嫉妒心，使学生的心理经常处于平常的状态呢？

1. 教学生学会与别人找差距

人无完人，即使是那些学习成绩非常优秀的学生，也不见得每门功课都比别人考得好。教师要教学生学会与别人找差距，找到自己不足的地方，并通过自己的努力赶上并超过别人。当然，在找差距时也要看到自己的优势，并加以巩固和提高。

在当前形势下，在社会竞争面前，我们要教会学生不要把自信心和谦虚对立起来。在市场经济条件下，在知识经济的社会中，人一定要有自信，一定要有创新精神，一定要有创新的意识，否则在竞争中必将受到挫折，甚至被淘汰。人人都有潜力，人人都应该有自信心，我们要教会学生努力发挥自己的潜力，努力创新。要想创新，就要不断地找差距，找自己的不足，看到自己与创新之间的差距。自以为天下第一，那就什么也办不成。

2. 培养学生高尚的情操

嫉妒心强的人往往是心眼小的人。具有这种性格的人，事事斤斤计较。这件事感觉教师不公平，那件事感到同学不公平，他们几乎整天处于埋怨不平的状态中。教师要教会学生正确地对待周围的事物，即使别人的评价不公平也不要过于在意，因为人总会有看法不全面的时候，正像我们自己也有看法不全面的时候一样，世界上的事情不可能十全十美。如果一个人总是嫉妒别人，事事斤斤计较，他就会处处碰钉子，时时不痛快。